EUGÈNE RICHTER

OÙ MÈNE LE SOCIALISME

JOURNAL D'UN OUVRIER

Édition française
D'APRÈS LE 225e MILLE DE L'ORIGINAL
PAR P. VILLARD

AVEC UNE PRÉFACE DE
Paul LEROY-BEAULIEU
MEMBRE DE L'INSTITUT

10e ÉDITION

PRIX : 1 fr. 50

PARIS
LIBRAIRIE H. LE SOUDIER
174, BOULEVARD SAINT-GERMAIN, 174

1894

A LA MÊME LIBRAIRIE

MÉMOIRES DU MARÉCHAL DE MOLTKE.

Tome I. *Histoire de la Guerre de 1870*. 1 vol. gr. in-8° avec carte. 10 »
Tome II. *Correspondance* (Lettres à sa mère et à ses frères). 1 vol. grand in-8° . . . . 10 »

CARTE DE LA RÉPARTITION ET DE L'EMPLACEMENT DES TROUPES DE L'ARMÉE FRANÇAISE, avec index des officiers supérieurs qui les commandent 1 50

CARTE DE L'EMPLACEMENT DE L'ARMÉE ALLEMANDE 1 25

CARTE DE DISLOCATION DE L'ARMÉE ITALIENNE, renfermant une planche décrivant les ordres de bataille et l'état de l'armée en temps de paix et en temps de guerre . . . . 4 »

CARTE SPÉCIALE DES FORTS ET CAMPS RETRANCHÉS DU SUD-EST (FRANCE), avec texte explicatif de nos défenses militaires, par Lassailly. 1 »
Même carte pour le Nord-Est . . . . 1 »

CARTES DE TOURISTES.

Feuille 1. *Carte de la Région des Pyrénées*, tirée en dix couleurs mesurant $1^m \times 0^m,60$ et pliée $0^m,15 \times 0^m,23$ . . . . 3 »
Collée sur toile . . . . 5 »

Feuille 2. *Clermont-Ferrand, Royat et le Puy-de-Dôme* . . 1 50

Feuille 3. *La Bourboule et le Mont-Dore* 1 50

Feuille 4. *La Méditerranée de Marseille à Gênes* (Nov. 1891) . . 3 »

CARTE DU DAHOMEY ET DES PAYS LIMITROPHES, dressée d'après les plus récentes explorations, par J. Hansen, géographe 1 50

SIGNES CONVENTIONNELS ET LECTURE DES CARTES FRANÇAISES ET ÉTRANGÈRES : FRANCE, ALLEMAGNE, ITALIE, RUSSIE. Renseignements pratiques pour faciliter aux officiers en mission les travaux de revision de la *Carte d'État-major*. Lecture détaillée d'un fragment de la carte au $\frac{1}{80,000}$. Assemblages des signes conventionnels français et étrangers, par le comte H. de Ville-d'Avray 1 vol. in-16, relié 2 50

MÉMORIAL TECHNIQUE UNIVERSEL, par Mazocchi, recueil de tables et formules à l'usage des ingénieurs, architectes, mécaniciens, etc., avec 200 figures et un petit dictionnaire technologique français, italien, allemand, anglais. Format de poche (5×8 centimètres). 6 50

OÙ MÈNE
LE
SOCIALISME

EUGÈNE RICHTER

OÙ MÈNE LE SOCIALISME

JOURNAL D'UN OUVRIER

Édition française

D'APRÈS LE 225e MILLE DE L'ORIGINAL

PAR P. VILLARD

AVEC UNE PRÉFACE DE

Paul LEROY-BEAULIEU

MEMBRE DE L'INSTITUT

PRIX : 1 fr. 50

PARIS
LIBRAIRIE H. LE SOUDIER
174, BOULEVARD SAINT-GERMAIN, 174

1894

TABLE DES MATIÈRES

Pages

Préface I

I. Fête de la Victoire 1

II. Les Nouvelles Lois. 3

III. Mécontents. 4

IV. Choix des professions 6

V. Une séance du Reichstag 7

VI. Assignation du travail 10

VII. Nouvelles des campagnes. 14

VIII. Le dernier jour en famille 17

IX. Le grand déménagement. 19

X. La nouvelle monnaie 22

XI. La nouvelle vie domestique. 24

XII. Les nouvelles cuisines nationales 27

XIII. Un incident fâcheux. 30

XIV. Crise ministérielle. 31

XV. Émigration 33

XVI. Changement de chancelier 35

XVII. Impressions d'atelier. 35

XVIII. Soucis de famille 38

XIX. Divertissements populaires 40

XX. Expériences fâcheuses 43

XXI. La fuite 45

XXII. Nouveau changement de chancelier 48

XXIII. Complications extérieures 49

XXIV. Agitation électorale 52

XXV. Triste nouvelle. 55

XXVI. Le résultat des élections. . . . 56
XXVII. Un gros déficit. . . . 58
XXVIII. Nouvelles de la famille. . . . 61
XXIX. Séance orageuse au Reichstag. . . . 63
XXX. Menaces de grève. . . . 72
XXXI. Menaces de l'étranger 74
XXXII. La grève et la guerre 75
XXXIII. La contre-révolution commence 77
XXXIV. Nouvelles désastreuses 78
XXXV. Dernier chapitre. . . . 80

PRÉFACE

Un des hommes politiques allemands les plus en vue, M. Richter, l'un des chefs et des principaux orateurs du parti progressiste au Reichstag, a publié récemment, sous une forme familière, une esquisse de l'avenir que le socialisme réserve à l'humanité, si toutefois le socialisme vient à triompher, ce dont, en dépit de toutes sortes de prophéties, on nous permettra de douter encore.

Le cadre où M. Richter a placé les tableaux de la future ou plutôt de l'éventuelle communauté socialiste est très ingénieusement choisi. L'auteur suppose que, à la suite d'une révolution, les socialistes l'ont emporté en Allemagne et sur tout le continent européen, l'Angleterre et les États-Unis restant encore fidèles à ce qu'on est convenu d'appeler l'individualisme.

Un honnête petit relieur de Berlin, fanatique des idées nouvelles, assiste, ou plutôt participe avec enthousiasme au renversement de l'ancienne société; puis, dans l'attente des merveilles que va produire le nouvel ordre de choses, il se met à rédiger un journal intime où il se promet de retracer pour ses descendants toutes les douces émotions, toutes les satisfactions, toutes les admirations que la transformation sociale ne va pas manquer de lui procurer.

Une suite de descriptions naïves et précises, relatives à la constitution de la communauté socialiste, au régime du travail, à la vie quotidienne, aux affaires publiques, se succède sous la plume du petit relieur. Peu à peu, dans son esprit, au contact de la réalité décevante, l'enthousiasme s'atténue, puis le désenchantement commence à poindre; ensuite, par des progrès graduels, la complète désillusion, l'amère tristesse envahissent son âme.

L'effroyable monotonie de la vie nouvelle, la servitude physique et mentale, l'interdiction absolue de tout espoir d'amélioration personnelle, l'impossibilité de toute initiative propre, l'extinction du foyer domestique, les obstacles aux relations et aux joies de famille, la conscience de la nullité individuelle dans ce grand tout qui enserre la personne humaine de ses implacables règlements, un ensemble de conditions affadissantes et énervantes, voilà ce que, avec beaucoup d'art et de vérité, par une gradation insensible, nous montre Eugène Richter.

Sa brochure eut en Allemagne un énorme succès: plus de 225.000 exemplaires en ont été tirés.

On nous a demandé de la présenter au public français, qui, lui aussi, commence à être atteint de l'infection socialiste.

Nous sommes heureux d'associer en cette circonstance notre nom à celui du chef des libéraux allemands.

Depuis longtemps, nous aussi, nous combattons le socialisme, sous toutes ses formes, à toutes les doses où l'on prétend l'insinuer dans les veines des sociétés modernes.

C'est au public lettré, il est vrai, que nous nous adressons d'habitude, plus qu'au peuple même. Mais le public lettré, ou celui qui passe pour l'être, a singulièrement besoin d'être éclairé; puis c'est des hauteurs que les idées descendent dans les foules.

Une générale manie de disserter de ce qu'on ignore, de se bercer de rêveries sentimentales, de capter la faveur du peuple soit pour se procurer des suffrages dans les élections, ou des lecteurs à son journal, soit même pour ramener des fidèles à telle ou telle croyance, la crainte de paraître arriéré ou repu, une nouvelle forme, en un mot, du respect humain, joint à cet instinct d'imitation qui associe tous les esprits incertains au courant qui paraît dominant; voilà les influences qui propagent le socialisme.

Les salons, les chaires d'enseignement, la presse, une partie du clergé, sans parler des corps politiques, se font à l'envi, dans des mesures diverses et sous des bannières différentes, les propagateurs de la doctrine nouvelle. Honneur aux esprits vraiment vigoureux et personnels, aux libéraux et aux démocrates qui, comme Richter, au lieu de prêcher des transactions dangereuses, prélude des capitulations définitives, opposent vaillamment leur tête et leur poitrine à l'assaut de cet ennemi de toute civilisation et de toute indépendance d'esprit!

Est-elle nouvelle, cette doctrine? Non, certes; l'antiquité l'a connue et le moyen âge; mais on n'y voyait alors que des jeux de l'imagination, comme le sont les systèmes des philosophes.

Le commencement de ce siècle a vu se dérouler sans en être trop troublé, les singulières fantaisies de Fourier, d'où émergeaient d'ailleurs quelques idées suggestives et utiles, les programmes vagues, parfois excentriques, parfois aussi pleins d'intuition et de divination, des saints-simoniens, les déclamations éloquentes et incohérentes de Proudhon. Il accueillait ces critiques de la société, ces projets, d'ailleurs bien indécis, de transformation, avec une indulgente ironie.

Aujourd'hui, la situation est tout autre. A la faveur du développement de la grande industrie, le socialisme est devenu plus précis, plus méthodique et plus hautain : il s'imagine être un système scientifique; il demande son application intégrale et il a trouvé une formule nouvelle : le Collectivisme.

Quand, il y a dix ans, je fis au Collège de France un cours sur le *Collectivisme ;* quand, l'année suivante, je publiai ce cours (1), je me rendais compte que les idées collectivistes allaient rapidement faire leur chemin dans la foule ; cependant, alors le public n'était pas encore familier avec ce vocable et ne le comprenait pas.

Aujourd'hui, il le comprend mieux : le socialisme actuel, c'est le collectivisme ; c'est-à-dire « l'appropriation par l'État et la mise en œuvre par lui de tous les moyens de production. »

Ce programme n'est ni obscur, ni occulte ; il est avoué par les socialistes allemands ; il est reconnu par les socialistes français, tels que MM. Guesde et Lafargue. C'est le nouvel évangile.

Eugène Richter, dans la brochure qui suit, nous montre avec autant d'esprit et de bon sens que d'exactitude ce qu'en serait la réalisation.

Il n'invente rien ; tout ce qu'il dit de la constitution ou plutôt de la désorganisation de la famille et du ménage, de la direction des ateliers, des plaisirs publics, des cuisines publiques, des élections et de toute la conduite des affaires, de la vie tant privée que nationale, sous le régime nouveau, il l'emprunte au programme arrêté par le Congrès socialiste d'Erfurt et aux écrits de Bebel, le grand chef socialiste allemand.

Il nous fait assister à toutes les péripéties de la vie du bon petit relieur de Berlin et de sa famille dans la « société socialisée » et au contre-coup de ces péripéties dans cet esprit naïf et honnête.

(1) Voir mon ouvrage *le Collectivisme, examen critique du nouveau socialisme* (Guillaumin, éditeur, 2e édition, 1888).

Trois enseignements surtout se dégagent de ces tableaux pleins de vie : la préoccupation continue, de la part des gouvernants socialistes, de voir réapparaître l'inégalité et se reconstituer le capital privé ; l'épouvantable oppression et le favoritisme des chefs d'atelier qui ne sont plus que des fonctionnaires et se trouvent soustraits à toute concurrence ; la très grande diminution de la production, dépourvue de son principal ressort, l'initiative individuelle spontanément et généreusement récompensée par le succès de l'entreprise.

Les prodigieux mécomptes du régime de l'égalité sont surtout à retenir, l'atonie somnolente, routinière et gaspilleuse qui en résulte.

Un écrivain anglais, Mallock, a dit avec raison : « Tout travail productif qui dépasse la satisfaction nécessaire des besoins alimentaires est toujours motivé par le désir de l'inégalité sociale. »

La tendance à la supériorité est le grand moteur du genre humain : sauf les saints et les ascètes, admirable, mais infinitésimale minorité, tous les efforts sont suscités et soutenus, dans l'ordre intellectuel comme dans l'ordre industriel, par le désir de la supériorité : supériorité de fortune, supériorité de situation, supériorité de réputation, supériorité de considération. En dehors de l'espoir d'une supériorité reconnue et effective, il n'y a place pour aucun effort humain dépassant ce qui est nécessaire à la simple subsistance.

Ce sont les natures tendant à la supériorité qui, en s'élevant, communiquent quelque chose de leur mouvement ascensionnel à l'ensemble du genre humain. Supprimez cette ascension des natures les plus fortes, confisquez ou diminuez les grandes et les moyennes fortunes, par conséquent aussi les grands efforts, et la société baissera ; le niveau moyen tombera en même temps que le niveau supérieur, et le niveau le plus bas deviendra plus infime encore.

Cet instinct de l'inégalité est si puissant chez l'homme que, malgré toutes les entraves, même dans une société où tous les instruments de travail appartiendraient à l'État, où toute monnaie serait supprimée, le capital privé ne tarderait pas à réapparaître.

Les tableaux si vivants d'Eugène Richter sont pleins de détails amusants mais vrais : les professions qu'il faut tirer au sort ou entre lesquelles il faut établir une rotation, parce que personne plus ne veut des métiers pénibles ou désagréables ; les femmes qui réclament, au nom de l'égalité, le droit au mariage, de même qu'on a concédé à tous le droit au travail ; le tirage au sort chaque trimestre des appartements ; le salaire de l'ouvrier remplacé par une sorte de prêt comme celui des soldats ; les châtiments pour surproduction individuelle ; l'impossibilité de la libre discussion quand toutes les imprimeries appartiennent à l'État ; le marché secret qui s'établit pour les bons de travail ; l'impossibilité de transactions internationales régulières, etc.

A la fin de l'ouvrage, le régime socialiste finit par être renversé par les ouvriers d'élite, à savoir les métallurgistes ou mécaniciens de Berlin, qui se voient déçus de leurs espérances en ce qui concerne le revenu intégral de leur métier. Les ouvriers habiles, cela est une certitude sous le régime socialiste, finiraient par être beaucoup moins payés qu'ils ne l'étaient sous le « règne corrompu du capitalisme ».

Nous désirons que l'on lise beaucoup en France cette brochure de Richter.

Avons-nous quelque crainte de voir le Collectivisme

triompher? Nous ne croyons pas que son avènement soit proche; mais nous redoutons les transactions que proposent tous ces esprits indécis, tous ces rêveurs, tous ces flatteurs qui foisonnent dans le Parlement, dans la presse et dans le public.

Le socialisme d'État, le socialisme de la chaire, le socialisme chrétien, toutes ces variétés inconscientes ou hypocrites du socialisme pur et simple, tous ces complices ou ces précurseurs du Collectivisme, doivent être combattus résolument, sans défaillance, par tous ceux qui tiennent à la civilisation, c'est-à-dire non seulement à un ensemble précieux de biens matériels, mais à la liberté intellectuelle et morale.

Il n'y a pas à transiger avec le socialisme, il n'y a qu'à le repousser. Tous les moyens artificiels de supprimer ou de réduire l'inégalité sont des attentats à la libre expansion du talent, de l'activité et des progrès mêmes du genre humain.

Nous n'avons, certes, aucune crainte qu'on vienne brusquement proclamer « la socialisation de tous les moyens de production et la suppression de toute propriété privée ». Mais nous entendons des voix retentissantes demander, dans le Parlement, en y recueillant des applaudissements, que la Banque de France devienne une institution d'État, que les fonctionnaires de l'État fassent l'escompte et distribuent le crédit, que l'État rachète les chemins de fer, rachète les mines, que l'État distribue des retraites à tous ceux qui n'ont su ni suffisamment travailler, ni suffisamment épargner, que l'héritage en ligne collatérale soit aboli, que l'impôt progressif soit établi sur les revenus et sur les successions, etc.

Entre ces mesures et le Collectivisme, nous ne faisons, quant à nous, aucune différence. Elles partent du même principe, elles tendent au même but : celui de supprimer ou de réduire autant que possible l'inégalité entre les hommes; or, l'inégalité est la sanction de la responsabilité personnelle; l'inégalité est le grand ressort du progrès humain.

Toute mesure socialiste, si modérée qu'elle paraisse dans la forme et si restreinte dans ses applications, doit être implacablement repoussée par tous les esprits prévoyants.

Le socialisme est comme la morphine; on en prend à petites doses d'abord, par curiosité, pour adoucir une légère douleur; fatalement on augmente la dose. On arriverait, par une gradation lente, mais certaine, à plonger la société dans un état d'anémie, de langueur, de malaise universel et permanent, de dépression intellectuelle et morale aussi bien que matérielle, près de laquelle les maux les plus vifs de la société actuelle, si dignes soient-ils de compassion et de soulagement, ne seraient plus que des misères insignifiantes.

Paul LEROY-BEAULIEU.

JOURNAL D'UN OUVRIER SOCIALISTE

I. — LA FÊTE DE LA VICTOIRE

Le drapeau rouge de la Démocratie sociale internationale flotte au-dessus du château royal et de tous les édifices publics de Berlin. Ah ! si seulement notre cher défunt Bebel vivait encore pour voir cela ! Il nous a bien toujours prédit que « la catastrophe était à nos portes ». Je me rappelle encore, comme si c'était hier, comment Bebel, le 13 septembre 1891, dans une réunion à Rixdorf, s'écria d'un ton prophétique que « le jour du grand branle-bas viendrait plus vite qu'on ne le rêvait ». Peu de temps auparavant, Frédéric Engels avait désigné l'année 1898 comme celle du triomphe de la démocratie sociale. Cela a pourtant duré un peu plus longtemps.

N'importe ! nos années de peines et de luttes pour la juste cause des travailleurs sont enfin couronnées de succès. Le régime social pourri du capitalisme et de l'exploitation s'est écroulé. Je veux décrire aussi bien que je le pourrai, pour mes enfants et petits-enfants, l'établissement du règne nouveau de la fraternité et de la philanthropie universelles.

Moi aussi, j'ai participé à la rénovation de l'humanité. Tout ce que j'ai pu économiser de temps et d'argent, en honnête relieur, pendant une vie d'homme, tout ce dont je n'ai pas eu besoin pour ma famille, je l'ai consacré aux nécessités de la lutte. Je dois à la littérature démocratico-socialiste et à nos associations ma solidité dans nos principes et mon développement intellectuel. Ma femme et mes enfants ont les mêmes idées que moi. Le livre de notre Bebel sur la femme est depuis longtemps l'Évangile de ma Paula.

Le jour de naissance de la société démocratico-socialiste était celui de nos noces d'argent. Aujourd'hui la fête de la victoire a posé les fondements d'un nouveau bonheur familial. Mon Franz s'est fiancé avec Agnès Müller. Ils se connaissaient depuis longtemps et s'aiment de tout leur cœur. Dans l'exaltation de cette journée, le nouveau lien a été noué. Il est vrai que tous deux sont encore un peu jeunes, mais ils sont d'habiles ouvriers dans leur partie. Lui est typographe ; elle, modiste. Il faut espérer qu'ils ne manqueront de rien. Dès que la nouvelle organisation du travail et des logements sera établie, ils se marieront.

Après le dîner, nous allâmes tous nous promener « sous les Tilleuls (1) ». C'était une cohue, une réjouissance sans fin. Aucune dissonance ne troublait la fête du grand jour de la victoire. La police est dissoute; le peuple maintient lui-même l'ordre d'une manière exemplaire. Dans le jardin public, sur la place du château, une foule compacte formait comme une muraille. Le nouveau gouvernement était assemblé dans le château. Ceux qui dirigeaient jusqu'à présent le parti des démocrates socialistes ont saisi provisoirement les rênes du gouvernement ; nos députés socialistes de Berlin forment jusqu'à nouvel ordre la municipalité. Chaque fois qu'un des nouveaux membres du pouvoir se montrait à la fenêtre ou au balcon du château, la joie du peuple éclatait toujours à nouveau. On agitait les chapeaux et les mouchoirs, on chantait la *Marseillaise* des travailleurs.

Le soir, illumination magnifique. Les statues des anciens rois et généraux, ornées de drapeaux rouges, faisaient un effet assez étrange dans la rouge lueur des feux de Bengale. Elles ne resteront plus longtemps à leur place, mais la céderont aux statues des grands morts de la démocratie sociale. On a déjà décidé d'ériger devant l'Université, à la place des statues des deux frères de Humboldt, celles de Marx et de Ferdinand Lassalle. Le monument du grand Frédéric « sous les Tilleuls » sera remplacé par la statue de notre immortel Liebknecht.

Dans l'intimité de la famille, nous fêtâmes encore chez nous bien avant dans la nuit ce jour doublement solennel. Même le père de ma femme, qui habite avec nous, et qui, jusqu'à présent, ne voulait pas entendre parler de la démocratie sociale, était plein de sympathie et de bonne humeur.

Nous espérons pouvoir bientôt quitter notre modeste logement au troisième étage. Ces vieux murs ont été témoins dans le cours des années de beaucoup de joies paisibles, mais aussi de beaucoup de soucis, de chagrins, de rude travail.

1. Boulevard principal de Berlin.

II. — LES NOUVELLES LOIS

Il est très amusant d'entendre raconter comment les bourgeois se pressent à la frontière pour émigrer. Où peuvent-ils aller? Dans toute l'Europe, sauf en Suisse et en Angleterre, la démocratie sociale règne maintenant. Les vaisseaux en partance pour l'Amérique ne peuvent emmener tous les émigrants. En Amérique, il est vrai, la Révolution a été vaincue et la démocratie sociale ne semble pas devoir s'y établir d'ici à longtemps. Puissent tous les exploiteurs s'en aller! Heureusement, ils n'ont pas pu emporter grand'chose avec eux, grâce à la soudaineté de la Révolution. Tous les bons sur l'État, les hypothèques, les actions, les obligations, les billets de banque, ont été déclarés nuls et sans valeur. Messieurs les bourgeois peuvent en faire tapisser leurs cabines de navire. Les biens immobiliers, les moyens de transport, les machines, les outils et les instruments ont tous été confisqués au profit de l'État socialiste.

Le *Vorwärts* (1), qui était jusqu'à présent le journal dirigeant de notre parti, a pris la place du *Journal officiel*. Il est envoyé gratuitement à tout le monde. Comme toutes les imprimeries sont devenues la propriété de l'État, tous les autres journaux ont cessé de paraître. Hors de Berlin, le *Vorwärts* paraît avec un supplément concernant la localité où il est distribué. Jusqu'à l'élection d'un nouveau Reichstag (2), les députés qui représentaient jusqu'ici la démocratie sociale, formés en comité législatif, décréteront les lois; il en faut un grand nombre pour faire fonctionner la nouvelle organisation.

Le programme du parti, tel qu'il a été arrêté au congrès d'Erfurt en 1891, a été provisoirement proclamé droit fondamental du peuple. En conséquence, une loi a opéré la transformation de tous les moyens de travail, du sol et du sous-sol, des mines, des puits, des machines, des outils, des moyens de transport, en propriété de l'État, ou, comme on dit maintenant, de la *Société*. Une autre loi a décrété l'obligation universelle au travail, avec des droits égaux pour tous, hommes et femmes, de vingt et un ans

1. Journal socialiste, publié à Berlin, dont le titre signifie *En avant!*
2. Chambre des députés.

accomplis à soixante-cinq ans. Au-dessous de vingt et un ans, on est élevé aux frais de l'État; au-dessus de soixante-cinq ans, on est entretenu par l'État. La production privée a cessé. En attendant la réglementation de la nouvelle production socialiste, chacun doit travailler pour le compte de l'État dans la profession qu'il a exercée jusqu'à présent. Chacun doit dresser un inventaire de ce qui lui est resté comme propriété privée après la saisie opérée par l'État, ustensiles de ménage, vêtements en usage, monnaie, créances sur l'État. La monnaie d'or doit être portée aux caisses publiques. Des bons seront distribués à la place.

Le nouveau gouvernement, grâce au caractère décidé du chancelier qui est à sa tête, procède d'une façon aussi énergique que pratique. Il faut rendre désormais impossible tout ce qui permettrait de rétablir le règne du capital. L'armée est licenciée; on ne lève plus d'impôts, puisque le gouvernement prélève sur le revenu de la production sociale ce qui est nécessaire aux besoins généraux. Des médecins et des hommes de loi sont entretenus par l'État et doivent consacrer gratuitement leurs services au public. Les trois journées de la Révolution et la fête de la victoire ont été déclarées fêtes légales. Nous marchons vers des temps nouveaux et magnifiques.

III. — MÉCONTENTS

Agnès, notre belle-fille, est inconsolable, et Franz est aussi fort affligé. Agnès craint de perdre sa dot. Depuis longtemps elle avait cherché, par son travail, à mettre de côté la valeur d'une dot. Surtout depuis qu'elle doit épouser Franz, elle a travaillé du matin au soir, avec une joie pleine de confiance et d'espoir. A peine s'accordait-elle du repos aux heures des repas; ce que ses amies dépensaient pour leur toilette, leurs excursions, leurs divertissements, elle l'économisait pour augmenter son petit capital. Au moment de ses fiançailles, elle avait déjà un livret de la caisse d'épargne de plus de 2.000 marks (1). Mon Franz racontait tout cela le soir des fiançailles avec orgueil et satisfaction. Les

1. 1 mark vaut 1 fr. 25 c.

jeunes gens pensaient déjà au premier emploi qu'ils feraient de cette fortune. Eh bien ! toute cette peine et tout ce travail auront été en vain. Lorsque Agnès, inquiétée par toutes sortes de rumeurs, voulut retirer son dépôt à la caisse d'épargne, dans la Klosterstrasse, elle trouva dans la rue des groupes agités. Des vieillards, des femmes, d'anciennes domestiques, racontaient en se lamentant qu'ils étaient venus chercher leur argent. L'employé avait dit que la nouvelle loi déclarait nuls et sans valeur tous les livrets de la caisse d'épargne, aussi bien que tous les autres titres et obligations.

Agnès s'évanouit presque de frayeur, à ce qu'elle nous raconta. Dans le bureau, l'employé lui confirma l'incroyable nouvelle. En venant chez nous, elle entendit dire que des députations de créanciers de la caisse d'épargne s'étaient dirigées vers le château pour parler au chancelier. Je m'y rendis aussi sur-le-champ; Franz vint avec moi.

Une foule nombreuse était rassemblée sur la place du château; par le pont Lassalle, l'ancien pont de l'Empereur Guillaume, des masses compactes affluaient sans cesse vers le jardin public. La question de la caisse d'épargne agitait tous les esprits. Les portes des cours du château étaient partout solidement fermées; les premiers rangs firent de vaines tentatives pour pénétrer par la force. Tout à coup, par des meurtrières que je n'avais jamais remarquées, pratiquées dans quelques-unes des portes, on vit des canons de fusil braqués par les employés du château.

Qui sait tout ce qui se serait encore passé, si le chancelier n'eût paru à ce moment sur le balcon au-dessus de la porte centrale donnant sur le jardin public, et n'eût demandé du calme. D'une voix qui retentissait au loin, il annonça que la question de la caisse d'épargne allait être remise sur-le-champ à la décision du comité législatif. Tous les braves patriotes, tous les braves démocrates socialistes devaient se fier à la justice et à la sagesse des représentants du peuple. Un hourra bruyant remercia notre chancelier. A ce moment, les pompiers apparurent de tous côtés, lancés à un galop furieux. A défaut de police, lorsque la foule se pressait contre les portes, on avait télégraphié du château qu'il y avait un incendie. Les braves pompiers furent accueillis par des éclats de rire. Puis la foule se dispersa dans les dispositions les plus gaies et les plus confiantes. Puisse-t-on au Reichstag trouver une bonne solution !

IV. — CHOIX DES PROFESSIONS

De grands placards rouges s'étalent sur les colonnes d'annonces, comme autrefois pour l'appel et les conseils de revision des militaires; des groupes compacts stationnent devant elles. Conformément à la nouvelle loi, la municipalité au nom du gouvernement ordonne à tous les individus, hommes et femmes de vingt et un à soixante-cinq ans, de faire choix d'une profession dans les trois jours. Les déclarations sont reçues à tous les anciens bureaux de police et dans tous les locaux administratifs. On rappelle expressément aux femmes et aux jeunes filles qu'à partir de leur entrée dans les ateliers nationaux, dont la date sera précisée ultérieurement, elles seront libérées, dans leurs propres ménages, du soin des enfants, de la préparation des repas, du soin des malades et du blanchissage du linge. Tous les enfants seront gardés dans des salles d'asile et des maisons d'éducation nationales. Le principal repas se prendra dans les cuisines nationales du district. Tous les malades seront transportés dans les hôpitaux publics. Le linge de corps et de lit sera porté pour être blanchi à des établissements centraux. La durée du travail sera la même dans toutes les professions, pour tout le monde, hommes et femmes, soit dans les ateliers nationaux, soit dans les autres services publics; elle sera, jusqu'à nouvel ordre, de huit heures par jour.

Chacun doit présenter des certificats attestant sa capacité à remplir la carrière qu'il choisit, et indiquer dans sa déclaration quelle profession il a exercée jusqu'à ce jour. Le choix de la prêtrise n'est pas admis, car, en vertu d'une décision du congrès d'Erfurt (1891), qui a passé dans la loi fondamentale de la nation, toute application des ressources de l'État à des emplois religieux ou ecclésiastiques est interdite. Les personnes qui veulent malgré cela se consacrer à la carrière ecclésiastique restent libres de le faire à leurs heures de repos, après avoir rempli leur temps normal de travail dans une carrière reconnue par l'État.

Quand ces ordres ont été connus, la vie des rues a ressemblé à celle d'un chef-lieu d'arrondissement aux époques de recensement. Les personnes se destinant à la même profession se rassemblaient en troupes et parcouraient la ville avec des chants et des cris d'allégresse, parées des insignes de leur métier. Des femmes et des jeunes filles se groupaient çà et là et se dépeignaient sous de vives couleurs les agréments qu'elles trouveraient dans leur profession, une fois affranchies des devoirs domestiques. J'ai entendu dire que beaucoup de gens ont choisi une nouvelle profession. Beaucoup paraissent croire que le choix de la carrière est déjà synonyme de son adoption.

Moi, mon fils Franz, ma belle-fille Agnès, nous resterons fidèles à notre profession actuelle, à laquelle nous nous sommes attachés, et nous en avons fait la déclaration. Ma femme a demandé à garder les enfants. Elle veut ainsi continuer ses soins maternels à sa fille Annie, qui a quatre ans, et qu'il faudra envoyer à l'asile national des enfants.

Après l'émeute de la place du Château, le ministère a décidé de rétablir une milice de quatre mille hommes et de lui faire tenir garnison à l'arsenal et dans la caserne adjacente. Pour éviter les souvenirs désagréables du passé, les nouveaux soldats porteront non un uniforme bleu, mais un uniforme brun, et au lieu de casque, un chapeau mou avec une plume rouge.

V. — UNE SÉANCE DU REICHSTAG

Aujourd'hui Franz et moi avons obtenu, avec beaucoup de peine, l'accès aux tribunes du Reichstag, dans l'édifice de la place Royale. On devait s'occuper des dépôts de la caisse d'épargne. Franz croit savoir qu'il n'y a pas actuellement à Berlin moins de 500.000 créanciers de la caisse d'épargne, sur deux millions d'habitants. Il n'est donc pas étonnant que tous les environs du Reichstag, la place Bebel, la Sommerstrasse aient été remplis par une grande foule de gens, la plupart pauvrement vêtus, qui attendaient avec anxiété le résultat des délibérations. Cependant, à notre arrivée, la force armée était déjà occupée à faire évacuer les rues.

Comme des élections générales pour le Reichstag n'ont pu encore avoir lieu, et que les mandats de tous les membres appartenant au parti bourgeois ont été invalidés, nous ne vîmes dans la salle des séances que nos anciens compagnons et nos défenseurs éprouvés.

Le chef du service de statistique était chargé par le chancelier de présenter un rapport sur les faits relatifs à la question.

Dans les caisses d'épargne publiques de l'Allemagne, dit-il, il n'y a que 8 millions d'actif, pour des dépôts s'élevant au total à plus de 5 milliards de marks *(Ecoutez ! écoutez ! à gauche.)* dont les intérêts annuels dépassent 150 millions de marks. Les dépôts remis aux caisses d'épargne ont été placés, pour 2.800 millions de marks environ en hypothèques, pour 1.700 millions en titres, pour 400 millions dans les entreprises publiques et les corporations, et pour 100 millions en prêts sur gages. Or, les titres ont été tous annulés par la loi. *(Très bien ! à gauche)*. Les dettes hypothécaires se trouvent éteintes par le transfert à l'État de toute la propriété foncière. Et, les sommes prêtées sur gages ont été consommées dans l'intérêt du peuple, par la restitution gratuite des gages déposés dans les établissements publics. *(Approbation à gauche.)*

Il n'y a donc aucun moyen de rembourser les dépôts faits à la caisse d'épargne. On pourrait seulement dédommager les créanciers au moyen de bons qui leur donneraient le droit de puiser dans les magasins de l'État.

Après ce rapport, un membre du côté droit de l'Assemblée prit la parole et dit :

« Des millions de braves ouvriers et de bons démocrates socialistes *(Agitation à gauche)* éprouveront une amère déception si, maintenant que le travailleur doit recueillir le produit entier de son travail, ils se voient enlever les fruits d'un rude labeur par la confiscation de leurs dépôts à la caisse d'épargne. Qu'est-ce qui a rendu l'épargne possible ? Un travail assidu, l'économie, la privation de beaucoup de jouissances, par exemple du tabac et des spiritueux, que les autres ouvriers se permettaient *(Agitation à gauche.)* Beaucoup de gens ont cru pouvoir, en déposant leur argent à la caisse d'épargne, se créer une ressource pour le cas de malheurs extraordinaires, un soulagement pour leur vieillesse. Les assimiler à ceux qui n'ont rien mis de côté sera ressenti comme une injustice par des millions de personnes. » *(Approbation à droite et cris tumultueux dans les tribunes.)*

Le président menace de faire évacuer les tribunes. *(Cris : Nous sommes le peuple !)*

Le Président. — Le peuple a le droit de rejeter les lois quand il est appelé à voter, mais il n'a pas le droit de prendre part à la discussion dans le Reichstag. *(Vive et générale approbation. Ceux qui troublent la tranquillité sont expulsés.)*

Un orateur de la gauche du Reichstag a la parole.

« Jamais, dit-il, un démocrate socialiste n'a songé à l'épargne. *(Pro-*

testations à droite.) Quiconque a obéi aux bourgeois, qui prêchaient l'épargne, ne doit compter sur aucun égard dans l'État socialiste. Puis, beaucoup de dépôts ont pour origine un vol fait aux travailleurs. *(Protestations à droite.)* Il ne faut pas qu'on dise que la démocratie sociale pend les grands voleurs, mais en laisse courir des millions de petits. Les capitaux de la caisse d'épargne, dans leurs divers placements, ont contribué à prolonger l'exploitation du peuple. *(Vive approbation à gauche.)* Un bourgeois seul peut soulever de l'opposition contre la confiscation des dépôts de la caisse d'épargne. »

Le président rappelle l'orateur à l'ordre, à cause de l'injure grave que renferme l'appellation de *bourgeois* donnée à un membre du Reichstag socialiste.

L'attention redouble quand le chancelier se lève de son siège : « Je dois, dit-il, donner raison jusqu'à un certain point aux deux honorables orateurs. Il y a beaucoup de vrai dans ce qu'ils ont dit sur l'origine morale des dépôts faits à la caisse d'épargne et aussi sur leur effet immoral sous le régime du capital. Mais, que des considérations sur le passé ne détournent pas nos regards de la grande époque dans laquelle nous vivons. *(Très bien !)* Nous devons décider de la question sans sensiblerie et en socialistes pratiques. Restituer 5 milliards à une fraction de la population de 8 millions de personnes, c'est fonder la nouvelle égalité sociale sur une inégalité. *(Approbation.)* Cette inégalité se ferait immédiatement sentir dans toutes les questions de consommation et dérangerait la future organisation méthodique de la production et de la consommation. Demain, avec autant de droit que le font aujourd'hui les créanciers de la caisse d'épargne, ceux qui n'ont pas leurs économies dans cette caisse, mais les ont placées en outils, en instruments professionnels, en moyens de travail, en biens-fonds, réclameraient leur capital. *(Très juste !)* Où se trouverait donc la barrière infranchissable qui arrêterait la réaction contre l'organisation socialiste actuelle ? Tout ce que les gens économes ont jamais pu se promettre des fruits de leur travail et de leurs privations, deviendra au décuple et au centuple la part de tous, grâce aux sublimes institutions que nous avons l'intention de créer pour le bien-être des travailleurs. Mais si vous nous enlevez maintenant ces milliards et si vous les retranchez du capital qui doit être employé pour le bien commun, mes collègues du ministère et moi nous ne pourrons pas prendre la responsabilité de l'établissement pratique de la démocratie sociale. » *(Approbation tumultueuse.)*

Un grand nombre d'orateurs étaient encore inscrits. Mais le président fit remarquer qu'en tenant compte de la séance de la commission qui avait précédé, et du temps qui est accordé à chaque député pour la lecture des documents, la durée maximum de la journée de travail, qui est de huit heures, était écoulée, et que par conséquent la continuation de la séance n'aurait lieu que le jour suivant. *(Cris de : Aux voix ! aux voix !)* Une proposition pour la clôture de la discussion fut présentée et acceptée. Le Reichstag, avec quelques voix seulement d'opposition, vota l'ordre du jour pur et simple sur la pétition pour le remboursement des dépôts à la caisse d'épargne. La séance fut levée.

Beaucoup de cris de mécontentement furent poussés dans les tribunes et se continuèrent dans la rue. Cependant la police avait fait évacuer les alentours de l'édifice du Reichstag. Un certain nombre de mutins furent arrêtés, parmi lesquels beaucoup de femmes. On dit que plus loin quelques députés, qui avaient voté contre le remboursement des dépôts, auraient été grossièrement insultés. On ajoute que la police a fait à plusieurs reprises contre le public un usage impitoyable de ses nouvelles armes qu'on appelle des casse-tête et qui ont été fabriquées sur un modèle anglais. Chez nous, il y eut des scènes très vives; ma belle-fille ne voulait pas se laisser apaiser; en vain ma femme cherchait à la consoler par la perspective de la belle dot que tous les couples de fiancés recevront plus tard du gouvernement.

« Je ne veux pas de cadeaux, répétait-elle avec violence, je veux le produit de mon travail ! Un pareil procédé est pire que le brigandage et le vol ! » — Je crains que les événements d'aujourd'hui ne soient pas propres à fortifier chez ma belle-fille la solidité des principes socialistes.

Mon beau-père a aussi un livret de la caisse d'épargne. Nous n'osons pas dire au vieillard que ce livret n'a plus de valeur; il n'est pas avare, mais, ces jours-ci encore, il nous racontait qu'il laissait s'accumuler les intérêts des intérêts. Nous devions à sa mort éprouver les effets de sa reconnaissance pour les soins que nous lui avons donnés chez nous. Le fait est qu'il faut être aussi ferme que moi dans les idées socialistes pour supporter d'un cœur léger de semblables pertes.

VI. — ASSIGNATION DU TRAVAIL

Le mariage de Franz et d'Agnès se trouve tout à coup reporté bien loin. Aujourd'hui, la police a communiqué l'ordre de se mettre au travail conformément au choix qui a été fait des professions et au plan dressé par le gouvernement pour l'organisation de la production et de la consommation dans notre pays.

Franz est bien convoqué comme typographe, mais à Leipzig. Berlin, maintenant, n'a plus besoin que du vingtième des compositeurs de journaux d'autrefois. Au *Vorwärts*, on ne mettra que des démocrates socialistes absolument sûrs. Franz, à cause de ses déclarations sur la place du Château, lors de cette fatale affaire de la caisse d'épargne, est tombé quelque peu en défaveur. D'ailleurs, la politique, à ce qu'il soupçonne, a influencé, dans d'autres cas que le sien, la répartition du travail. Le parti des « Jeunes » a été complètement dispersé. Un d'eux est envoyé comme tapissier à Inowrazlaw, parce qu'on y manque de tapissiers et qu'il y en a trop ici. Franz dit avec dépit que la vieille loi contre les socialistes, avec ses expulsions, ressuscite sous une nouvelle forme. Il faut passer beaucoup de choses à un fiancé qui se voit séparé de sa promise pour un temps indéterminé.

Je cherchai à consoler Franz en lui rappelant que dans la maison voisine, on a été jusqu'à séparer des époux. La femme va comme garde-malade à Oppeln (1), le mari comme teneur de livres à Magdebourg. « Comment peut-on séparer des époux? C'est une pure infamie! » s'écria Paula. Ma pauvre vieille oubliait que, dans notre nouvelle société, le mariage est une relation purement privée, comme Bebel l'a montré dans son livre sur la femme. Tous les mariages peuvent être tour à tour conclus et dissous sans l'intervention d'un fonctionnaire quelconque. Le gouvernement n'est donc pas en situation de savoir qui est marié. Sur le registre de l'état civil, chacun est inscrit seulement sous son prénom et sous le nom de famille de sa mère, ce qui est tout à fait logique. Dans une organisation méthodique de la production et de la consommation, la cohabitation des époux ne peut que dépendre du lieu où ils travaillent; le contraire serait impossible, car l'organisation du travail ne peut tenir compte de relations privées toujours révocables.

« Cependant, dit ma femme, dans l'ancien fonctionnarisme, on a souvent rapporté en haut lieu des nominations que des motifs personnels rendaient désagréables. » C'est juste, pensai-je,

1. Oppeln est à 500 kilomètres environ de Magdebourg.

et je me rendis à l'hôtel de ville. Je me souvenais qu'un ancien ami et membre de mon parti, avec qui j'avais fait connaissance à Plœtzenseé du temps de la loi contre les socialistes, occupait maintenant une position influente dans la commission industrielle. Mais je trouvai le bureau, à l'hôtel de ville, assiégé par des centaines de personnes qui étaient venues peut-être dans le même but.

Je rencontrai sur mon chemin un autre camarade d'autrefois, qui travaille dans la même commission et auquel je racontai tout ce que j'avais sur le cœur. Il me conseilla d'attendre que le temps eût fait oublier la participation de Franz à l'émeute de la caisse d'épargne, pour demander son retour à Berlin. Je me plaignis à lui de ce que, accepté, il est vrai, comme relieur, je ne l'étais pas en mon ancienne qualité de patron, mais comme ouvrier. « C'est impossible autrement, me dit-il. Par suite de l'extension des grands ateliers dans l'industrie, le besoin de maîtres est moins grand qu'autrefois. » Mais il me raconta que, par suite d'une erreur de calcul, on aurait besoin d'un supplément de 500 contrôleurs. Il me conseilla de me présenter pour une de ces places. Je suivrai ce conseil.

Ma femme est acceptée comme garde-malade, mais pas dans l'établissement où notre petite fille doit être élevée. On dit qu'en principe, pour éviter que les mères n'accordent des préférences à leurs propres enfants, et que les autres mères ne soient jalouses, on ne met les femmes comme gardes que dans des établissements où ne se trouvent pas leurs enfants. C'est certainement équitable, mais Paula le trouvera très dur. Les femmes sont toujours portées à subordonner la raison d'État à leurs désirs particuliers.

Ma belle-fille est convoquée, non comme modiste, mais comme lingère. La société a beaucoup moins besoin de modistes. Le nouveau plan de production, à ce que j'ai entendu dire, ne compte qu'avec les demandes de la masse. En conséquence, l'habileté de main, le goût et en général tout ce qui se rapproche de l'industrie d'art n'est utile que dans des limites très restreintes. Agnès dit que tout lui est indifférent, du moment qu'elle ne peut être unie à Franz. « Mes enfants, leur dis-je, songez qu'un Dieu lui-même n'a pu faire toutes choses justes. » — « Alors, poursuivit Franz, on devait laisser chacun s'occuper de soi. Il n'aurait rien pu nous arriver de pire dans l'ancienne société. »

Pour les calmer, je leur lus le *Vorwärts*, où le gouvernement, pour faire comprendre la situation, a donné un aperçu des demandes d'emploi et des besoins du travail. A Berlin, il s'est présenté comme chasseurs plus de gens qu'il n'y a de lièvres dans un rayon de 10 milles autour de la ville. D'après la proportion des demandes, le gouvernement pourrait mettre un portier à chaque porte, un forestier à côté de chaque arbre, un écuyer auprès de chaque cheval. Les bonnes d'enfants sont beaucoup plus nombreuses que les filles de cuisine, les cochers beaucoup plus nombreux que les garçons d'écurie. Autant il y a abondance de sommeliers et de cantatrices, autant il y a pénurie de gardes-malades. Marchands et marchandes affluent; il y a une quantité sans égale de surveillants, de contrôleurs, d'inspecteurs, bref, de représentants du pouvoir; les acrobates ne manquent pas non plus. Mais les demandes sont très rares pour le rude et pénible travail des paveurs, des chauffeurs, et en général pour les travaux du feu. Il s'est trouvé encore moins d'amateurs pour le curage des égouts.

Que devait donc faire le gouvernement pour mettre son plan de production et de consommation d'accord avec les demandes? Devait-il établir l'équilibre en donnant un salaire inférieur dans les professions pour lesquelles il y a presse et un salaire supérieur pour les travaux qui ne sont pas recherchés? Cela serait contraire à la doctrine fondamentale de la démocratie sociale. Chaque travail utile à la société a, pour elle, la même valeur, comme Bebel l'a toujours dit. D'ailleurs, la participation plus large de quelques-uns au revenu du travail favoriserait l'inégalité dans les jouissances de la vie, ou rendrait possibles aux gens les mieux payés des épargnes qui rétabliraient indirectement une classe de capitalistes, et tout le système socialiste de la production en serait dérangé.

Ou bien devait-on égaliser les conditions en mesurant différemment le temps du travail? Mais alors la dépendance normale des diverses professions entre elles serait troublée. Le jeu de l'offre et de la demande qui s'était constitué sous l'ancien règne du capital ne peut et ne doit pas se p. 'uire dans la nouvelle organisation. Le gouvernement se réserve d'attribuer les travaux désagréables aux condamnés et se propose, comme Bebel l'a déjà recommandé, d'établir de fréquents échanges dans les occupations. Peut-être le même ouvrier pourrait-il à l'avenir être diversement occupé aux différentes heures de la journée.

Pour le moment, l'équilibre ne peut être obtenu que par le tirage au sort. Par un groupement des professions, on a bloqué ensemble les professions analogues, puis, sur le nombre total des candidats, on a tiré au sort pour chaque groupe en particulier un nombre de travailleurs correspondant à ses besoins et conforme au plan d'organisation du gouvernement. Parmi ceux qui ont amené de mauvais numéros, on a désigné ceux qui se consacreront aux travaux pour lesquels il n'y avait pas eu assez de demandes. Beaucoup ont dû maugréer contre le sort.

Franz déclare qu'il y a bien toujours eu des loteries de chevaux et de chiens, mais qu'on tire les hommes au sort pour la première fois. Est-on donc dès le début au bout de la raison, pour qu'il faille recourir au hasard ?

« Vois-tu bien, répliquai-je, tout, dans l'avenir, doit être organisé à nouveau. Nous souffrons encore des effets du système d'exploitation et du régime du capital. Mais quand les sentiments démocratico-socialistes se seront pleinement épanouis partout, ce sera précisément pour les travaux difficiles, dangereux et désagréables qu'il s'offrira le plus de volontaires. Ceux-ci seront soutenus par la pensée que, en accomplissant ces travaux, ils ne servent plus comme autrefois la cupidité des exploiteurs, mais rendent de grands services à la communauté. »

Mes enfants n'en paraissent pas très convaincus.

VII. — NOUVELLES DES CAMPAGNES

Tous les jeunes gens de vingt ans doivent s'équiper dans les trois jours ; le frère d'Agnès en fait partie. On veut organiser et armer la garde nationale le plus promptement possible. Le ministère de la guerre, dont les vastes dépendances dans la Leipzigerstrasse et la Wilhelmstrasse devaient être transformées, à cause de leur beau jardin, en une institution enfantine (ma femme devait y être employée), gardera son ancienne destination.

Les circonstances intérieures rendent nécessaire d'organiser la garde nationale plus promptement et dans une plus large mesure qu'on ne pensait. Les nouvelles assemblées provinciales demandent instamment l'appui de l'armée pour faire exécuter les nouvelles lois dans les campagnes et les petites villes. On établira donc au siège du commandement de chaque district militaire, un bataillon d'infanterie, un escadron et une batterie. En outre, pour plus de sûreté, ces troupes ne seront pas formées d'hommes du district.

Il faut mettre les paysans à la raison. Ils s'opposent à la nationalisation ou, comme on dit maintenant officiellement, à la *socialisation* de leur propriété privée, fonds et terres, maisons et cours, bétail et autres biens. Tel paysan veut absolument rester sur sa terre, dût-il pour cela s'éreinter et se tracasser du matin au soir. On laisserait bien ces gens-là en paix chez eux, mais cela rendrait impossible toute l'organisation méthodique de la production à la campagne. Il faut donc imposer à ces têtes dures ce qui est pour leur plus grand bien. Dès que l'organisation nouvelle sera entièrement établie, les paysans verront eux aussi quelle existence agréable la démocratie sociale leur donnera en retour d'un travail minime.

Les valets et les journaliers de la campagne sont d'abord restés à leurs occupations quand les domaines où ils avaient jusqu'alors trouvé du travail ont été déclarés propriété nationale. Mais maintenant, un singulier désir de changement s'est tout à coup manifesté chez eux. Ils se pressent tous vers les grandes villes, le plus possible vers Berlin. On voyait durant ces dernières semaines, dans la Friedrichstrasse et « sous les Tilleuls », les types les plus étranges, inconnus jusqu'à ce temps, venus des districts les plus reculés de l'Allemagne. Une partie d'entre eux sont venus avec femme et enfants; ils avaient peu de ressources, mais ils exigeaient ce qu'il y a de meilleur et de plus cher pour le boire, le manger, les vêtements, les chaussures. Ils avaient entendu dire qu'ici tout le monde vivait dans un chimérique bien-être. Si seulement c'était vrai !

Naturellement, tous ces habitants des forêts lointaines doivent être ramenés en masse dans leur pays, ce qui provoque beaucoup d'amertume. Il ne manquerait plus que le gouvernement laissât troubler notre sublime organisation de la production et de la consommation par un va-et-vient *ad libitum* des gens de la province. Tantôt ils s'abattraient comme des sauterelles sur les provisions accumulées ici et laisseraient en plan chez eux les travaux nécessaires; tantôt, si c'était leur bon plaisir, ils ne viendraient pas et laisseraient se gâter les provisions préparées dans l'attente de leur visite.

Il eût été plus juste, à la vérité, de prendre plus tôt les décisions que l'on vient seulement de publier et d'après lesquelles personne ne peut s'absenter longtemps du lieu de sa résidence sans un permis et ne peut s'éloigner définitivement sans un ordre des autorités. Naturellement, Berlin doit encore à l'avenir recevoir des visiteurs et des émigrants; seulement cela ne doit pas se faire à volonté et sans méthode, mais, comme l'explique simplement et clairement le *Vorwärts*, dans la mesure qu'indiqueront des calculs minutieux, et conformément aux plans du gouvernement. L'état démocratico-socialiste, ou, comme on dit maintenant, la Société, prend au sérieux l'obligation universelle du travail, et ne souffre par conséquent aucun vagabondage, fût-ce le vagabondage en chemin de fer.

Le *Vorwärts* publie aussi aujourd'hui un article très incisif contre ceux qu'on appelle les décentralistes, c'est-à-dire un parti qui a la manie des compromis et qui compte aussi beaucoup de philistins, la petite bière de Berlin. Ces gens ne peuvent pas comprendre que les représentants de Berlin n'ont plus à parlementer, mais à se soumettre à l'ordre. L'unique devoir des représentants est d'exécuter pour Berlin en particulier ce que le gouvernement décide pour le pays entier. Berlin doit dépenser pour sa population, telle qu'elle est évaluée dans le budget, la somme qui lui est attribuée annuellement par le budget pour la construction de nouvelles maisons, les établissements publics, les institutions communales, ni plus, ni moins.

Hier, le chancelier, comme le *Vorwärts* l'en félicite avec raison, a parlé de nouveau au Reichstag à sa manière pratique et obtenu l'unanimité. Il s'agissait de savoir si l'on devait essayer de calmer la Basse-Allemagne en déclarant que la propriété territoriale privée est abolie, non au profit de la totalité de l'Allemagne, mais au profit de ce qu'on appelle les associations locales de production, auxquelles les habitants de chaque localité seraient rattachés.

Le chancelier a dit : « Les erreurs qui nous viennent du temps de Lassalle et qui ont été abjurées dès 1891 par le congrès d'Erfurt, ne devraient pas revivre. Avec cette organisation en diverses associations productives, il s'établirait nécessairement une libre concurrence des localités entre elles. La différence des biens de la terre suivant les diverses régions et les diverses localités ramènerait la distinction en riches et en pauvres et rouvrirait une porte dérobée au capitalisme privé. Une organisation méthodique de la production et de la consommation, ainsi qu'une répartition normale des forces de travail sur tout le pays ne souffre aucune espèce de concurrence, aucune autonomie ni personnelle ni locale. La démocratie sociale ne comporte pas de demi-mesures; on la veut tout entière ou on ne la veut pas. Or nous voulons la réaliser véritablement pleine et entière. » *(Vive approbation.)*

VIII. — LE DERNIER JOUR EN FAMILLE

Je me suis trouvé aujourd'hui dans une situation difficile, en face de ces deux dames, ma femme et ma belle-fille. C'était le jour de naissance de la mère, un anniversaire qui m'est cher depuis vingt-cinq ans; mais cette fois la gaîté n'y régnait pas. Franz part demain pour Leipzig; demain nous devons aussi laisser partir les deux autres enfants. Grand-père va à l'établissement pour les vieillards.

Il était plus question de tout cela que de l'anniversaire. Grand-père, dès le matin, affaiblit le courage de ma femme. « La démocratie sociale, se lamentait-il, est tout notre malheur; j'ai toujours prévu cela. » — Je lui dépeignis la bonne, l'agréable vie qui l'attend à l'établissement. « Que me sert tout cela? s'écria-t-il. Il me faudra là-bas loger, manger et dormir avec des étrangers. Ma fille ne sera plus auprès de moi pour me soigner. Je ne pourrai plus jouer avec Annie, et Ernest ne me racontera plus les histoires de l'école. Je ne saurai plus rien de ton atelier. Si je retombe malade, je serai tout à fait abandonné. Il ne faut pas transplanter un vieil arbre; ce sera bientôt ma fin. »

Nous le consolions en lui promettant de fréquentes visites. « Ah! dit-il, ce ne seront que des demi-visites. On n'est pas entre soi, on est dérangé par les autres. » Nous essayâmes de calmer son chagrin par les câlineries de la petite Annie, sa favorite. L'enfant était la plus gaie de nous tous. Quelqu'un lui avait parlé de beaucoup de gâteaux, de jolies poupées, de petits chiens, de livres d'images et de toutes sortes de belles choses du royaume des enfants. Elle se remettait sans cesse à babiller à sa manière sur ce sujet.

Franz se montrait calme et résolu; son air ne me plaisait pourtant pas. Il me semble qu'il a quelque idée à lui qu'il ne veut pas dire. Il faut espérer que cette idée s'accorde avec nos principes démocratico-socialistes.

Mon autre fils, Ernest, ne laisse pas aussi bien voir ce qu'il pense et sent. Avec sa mère il a été excessivement tendre, ce qui d'habitude n'est pas précisément son fait. Il allait commencer son apprentissage et s'en réjouissait. L'enfant est adroit de ses mains, mais pour les études, cela n'ira pas tout seul. Maintenant, tous les enfants de son âge, indistinctement, doivent encore étudier deux ans avant de recevoir une éducation professionnelle.

La mère nous prépare toujours pour l'anniversaire de sa naissance un beau et succulent rôti de veau avec des prunes cuites, « notre rôti de veau historique », comme Franz l'appelait en plaisantant. « La prochaine fois que vous viendrez nous voir, dit tristement ma femme, lorsque le rôti parut sur la table, je ne pourrai pas vous offrir un rôti de veau, car nous n'aurons plus de cuisine. — Honneur à ton rôti, déclarai-je; mais nous ne pourrions cependant pas lui sacrifier notre idéal. Nous mangerons encore à l'avenir des rôtis de veau, plus souvent même, et avec bien d'autres friandises. — Mais, dit-elle, l'un mangera ici, l'autre là. Ce que la séparation fait perdre au cœur, le bien-être ne le remplace pas. Ce n'est pas le rôti de veau, c'est la vie de famille que je regrette.

— Ce n'est pas la saucisse, mais c'est l'amour, dis-je en plaisantant. Console-toi, ma chère vieille; à l'avenir, nous nous aimerons tout autant et nous aurons encore plus de loisir pour nous le dire.

— Ah! dit ma femme, j'aimerais mieux m'éreinter dix et douze heures pour vous à la maison que huit heures là-bas pour des enfants qui ne me sont rien. »

— Pourquoi tout cela doit-il être? demanda-t-elle alors aigrement, et ma belle-fille, qui soutient toujours ma femme quand elle aborde ce chapitre, répéta la question plus aigrement encore. Quand elles entament ce duo ensemble, il n'y a plus moyen pour moi de m'en sortir, surtout si Franz reste neutre, comme il le fait, ou même approuve sa fiancée.

— Avez-vous donc perdu, leur dis-je, le souvenir des beaux discours de Mlle W... sur l'émancipation de la femme, sur l'égalité des droits à établir dans la société entre l'homme et la femme. Autrefois, cependant, ces discours vous ont enthousiasmées, de même que le livre de Bebel.

— Ah! Mlle W... est une vieille fille qui n'a jamais vécu qu'en chambre garnie ou à l'hôtel, me répondit-on.

— Mais elle peut pourtant avoir raison, répliquai-je. Le droit égal au travail et l'égale obligation au travail sans distinction de sexe, sont le fondement de l'organisation socialiste. La femme rendue indépendante de l'homme par la possibilité de gagner hors de la maison un salaire personnel égal; plus d'esclavage domestique, pas plus pour la femme que pour les serviteurs. Dans ce but, réduction extrême du ménage par l'attribution des travaux domestiques aux grands établissements de la Société. Plus d'enfants ni de vieillards dans les ménages, afin que l'inégalité de ces charges dans les familles ne ramène pas la division en riches et en pauvres. Voilà ce que Bebel nous a enseigné.

— Il se peut que tout cela soit bien calculé au point de vue mathématique, Auguste, dit le grand-père, mais cela ne rend pas heureux. L'humanité n'est pas un troupeau de moutons.

— Grand-père a raison, s'écria Agnès. Et là-dessus elle se jeta au cou de Franz en l'assurant qu'elle ne voulait pas du tout être émancipée de lui.

Cela coupa court à toute discussion raisonnable. Je voudrais pourtant que demain, jour de la séparation, fût déjà passé.

IX. — LE GRAND DÉMÉNAGEMENT

Au lieu du fiacre qui devait venir prendre aujourd'hui les enfants et le grand-père, une voiture de déménagement s'arrêta de bonne heure devant la porte. « Vous aurez bien le temps de vous transporter d'ici au soir, dit l'agent de police. J'ai ordre de faire d'abord charger les meubles. »

— « Qu'est-ce que cela signifie? s'écria ma femme, effrayée; je croyais que les objets de ménage restaient propriété privée. »

— « Certainement, ma brave dame, dit l'agent, nous ne devons pas emporter tout le ménage; la société ne réclame que les objets portés sur cet inventaire. » En même temps, il présenta un inventaire que nous avions dû remettre autrefois, et nous montra aussi un avertissement du *Vorwärts* qui nous avait échappé au milieu des émotions de ces jours passés.

Comme ma femme ne pouvait pourtant pas revenir de son étonnement en voyant enlever nos meubles, l'employé qui, d'ailleurs, se comportait fort poliment, lui dit :

— Mais, chère madame, sans cela où prendrions-nous de quoi meubler tous les nouveaux établissements pour l'éducation des enfants, l'entretien des vieillards, le soin des malades ?

— Mais pourquoi, reprit-elle, n'allez-vous donc pas chez les riches qui ont des maisons entières, bourrées jusqu'au toit, des meubles les plus beaux, et ne les videz-vous pas ? — C'est bien ce que nous faisons, ma petite dame, dit-il en souriant. Dans la Thiergartenstrasse, la Victoriastrasse, la Regentstrasse, et dans tout le quartier environnant, les voitures de déménagement se suivent sans interruption. La circulation est absolument interdite jusqu'à nouvel ordre à toutes les autres voitures.

Chaque ménage ne garde que deux lits et, en fait d'autres objets, rien de plus que ce qui peut tenir dans deux ou trois grandes pièces. Mais tout cela ne suffit même pas. Songez donc que le gouvernement, à Berlin, sur une population de 2 millions d'habitants, a plus de 900.000 personnes au-dessous de vingt et un ans à installer dans les établissements pour l'enfance et les maisons d'éducation, plus 100.000 vieillards au-dessus de soixante-cinq ans à loger. Il faut, en outre, décupler le nombre des lits dans les hospices pour les malades. Où prendre tout cela sans voler ? Mais aussi, que voulez-vous faire des lits et de tous ces meubles, quand le vieux papa, le jeune garçon et cette enfant ne seront plus à la maison ?

— Mais, dit ma femme, quand ils viendront nous voir ?

— Il vous reste bien six chaises.

— Mais pour les loger ? demanda ma femme.

— Cela sera bien difficile, dit l'employé, à cause de la place, dans les logements futurs.

On s'aperçut alors que ma brave femme, avec son imagination un peu vive, s'était figuré que la grande distribution des logements nous donnerait dans le quartier ouest de Berlin une villa jolie, quoique petite, où nous pourrions installer une ou deux chambres à donner. A vrai dire, ma Paula n'avait aucune raison de s'imaginer cela, car Bebel a toujours dit et écrit : « Le ménage sera réduit au plus strict nécessaire. »

Paula chercha alors à se consoler par la pensée que, grâce au transport des meubles, le père et les enfants pourraient dormir dans leurs propres lits. Sans cela elle aurait voulu que son père emportât à l'établissement son fauteuil si confortable.

Non, on ne l'entend pas ainsi, déclara l'agent. Tout est mis ensemble, assorti, puis employé comme il convient. Les établissements publics auraient un mobilier bien hétéroclite, si chacun voulait y placer son bric-à-brac particulier.

Il y eut de nouvelles lamentations à ce propos. Grand-père avait reçu de nous son fauteuil pour son dernier anniversaire de naissance. Il était encore comme neuf et le vieillard s'y trouvait si mollement! Dans le petit lit d'Annie, nos enfants avaient dormi tour à tour. Suivant les besoins, on l'avait monté au grenier et redescendu. La grande armoire était un des premiers meubles que nous eussions achetés après nos noces et payés par acomptes. Nous avions dû alors nous donner bien de la peine pour compléter notre ménage. Le miroir était un legs de mon père. Il avait l'habitude de s'en servir pour se raser. Étant enfant, j'en avais cassé un coin, ce qui m'avait valu une rude correction. Il se rattache ainsi à chaque objet du ménage un peu de l'histoire de notre vie. Et il faut maintenant que tout cela disparaisse comme de la friperie, pour ne jamais être revu.

Mais nous n'y pouvions rien; les meubles ont été chargés. Le soir, un autre agent vint chercher les enfants et le grand-père. Nous n'osâmes pas les accompagner. « Il faut cependant que les gémissements finissent une bonne fois », dit l'agent avec brusquerie. Il n'avait pas tort en cela. Cette ancienne sensiblerie ne s'accorde plus avec l'esprit des temps nouveaux. Maintenant que la fraternité commence à régner dans l'humanité et que des millions d'hommes se tiennent embrassés, il faut que le regard s'élève au-dessus des étroites relations bourgeoises d'un temps passé et disparu.

C'est ce que je dis à ma femme lorsque nous fûmes seuls. Si seulement les chambres à demi vidées n'avaient pas été si désertes et si silencieuses! Nous n'avons jamais été aussi seuls que maintenant depuis la première année de notre mariage.

Ma femme m'interrompit: « Comment les enfants et le grand-père sont-ils couchés ce soir? Pourront-ils bien dormir? A la vérité, Annie dormait déjà presque lorsque l'agent l'a emmenée. Ses vêtements ont-ils bien été livrés avec elle, et lui a-t-on mis sa longue chemise de nuit pour qu'elle ne s'enrhume pas? Elle rejette toujours ses couvertures en dormant. J'avais placé la chemise de nuit sur les vêtements avec un billet pour la gardienne. »

Ma femme et moi, nous ne fermerons guère les yeux cette nuit. Il faut s'habituer à tout.

X. — LA NOUVELLE MONNAIE

Les photographes ont beaucoup de travail. Tous les Allemands, entre vingt et un ans et soixante-cinq ans, tous ceux, par conséquent, qui ne sont pas entretenus dans les établissements nationaux, ont reçu l'ordre de se faire photographier. Cela est nécessaire pour exécuter les nouveaux certificats qui doivent remplacer la monnaie et les billets usités jusqu'à présent.

Notre secrétaire du trésor, explique le *Vorwärts*, a résolu d'une manière aussi ingénieuse que sage le problème d'instituer un moyen d'échange qui remplisse son emploi légitime et qui, cependant, exclue absolument le rétablissement d'une classe de capitalistes. La nouvelle monnaie n'a pas, comme l'or et l'argent, une valeur intrinsèque; elle consiste seulement en traites tirées sur l'État, désormais seul propriétaire de tous les objets qu'on peut acheter. Chaque travailleur au service de l'État reçoit tous les quinze jours un certificat qui porte son nom et qui doit porter, en outre, sur la couverture, sa photographie, comme les anciennes cartes d'abonnement des chemins de fer berlinois, pour empêcher que d'autres personnes ne s'en servent. Déjà, l'uniformité du temps de travail prescrit à tous, et l'égalité des salaires empêchent que des inégalités sociales ne se produisent par suite de la diversité des talents et des différences dans l'usage que chacun en fait. Mais il faut aussi, de même que dans la production, empêcher que des différences dans la consommation n'accumulent la richesse entre les mains de quelques personnes ayant plus d'économie ou moins de besoins. Là encore une porte aurait pu être laissée ouverte à une classe de capitalistes qui se seraient trouvés en situation de mettre peu à peu sous leur dépendance les travailleurs moins économes ayant dépensé tout leur salaire.

Afin que le certificat dans sa totalité, ou chaque coupon en particulier, ne puisse être cédé à des tiers, chaque coupon, lorsqu'on en fait usage, doit être détaché, non par son propriétaire, mais en sa présence, par le vendeur qui le reçoit en paiement, ou par un autre employé de l'État. Les coupons, que tous les quinze jours un préposé de l'État renouvelle dans le livret, sous la couverture qui porte la photographie de son propriétaire, sont de diverses sortes. Un coupon ou fiche de logement sera régulièrement détaché par le portier de la maison où le logement est assigné. (La nouvelle répartition des appartements aura lieu peu de temps avant l'ouverture des cuisines nationales, qui permettra d'enlever les anciennes cuisines à leur usage actuel.) Un coupon de nourriture sera détaché après le repas principal, pris dans les cuisines nationales, par le comptable de l'établissement; un coupon de pain, lorsqu'on recevra sa portion de pain (700 grammes par tête et par jour). Les coupons de numéraire qui se trouvent en outre dans le livret ont une valeur nominale diverse et peuvent être employés par leur titulaire selon son gré, pour se procurer les repas du matin et du soir, le tabac, les boissons alcooliques, pour payer le blanchissage du linge, l'achat des vêtements, bref, tout ce que le cœur lui dira. On trouve de tout dans les magasins de l'État et dans les salles de vente. L'acheteur n'a qu'à détacher le coupon correspondant au prix qu'on lui fixe.

Comme chaque coupon porte le numéro du certificat et que le propriétaire est immatriculé sur les registres, on peut savoir, d'après les coupons recueillis, de quelle manière chacun a dépensé son salaire. Le gouvernement est donc en état de voir, non seulement la peau des gens, mais pour ainsi dire leur estomac, ce qui doit faciliter dans une large mesure l'organisation de la production et de la consommation.

Quant aux objets achetés avec les coupons, l'acheteur peut s'en servir lui-même ou les céder à d'autres. Le propriétaire peut même à son gré les céder par testament, en cas de mort. Comme le remarque le *Vorwärts*, cet arrangement montre, à la confusion des adversaires et des calomniateurs de la démocratie sociale, que celle-ci ne veut nullement supprimer toute propriété privée et tout héritage, et qu'elle ne restreint la liberté individuelle que dans la mesure nécessaire pour empêcher le retour du capital privé et de l'exploitation.

Celui qui pendant les quinze jours au bout desquels on lui renouvelle son certificat, n'a pas employé tous ses coupons, reçoit dans le nouveau certificat la mention du reliquat non dépensé. A la vérité, il faut encore ici prendre des mesures pour que cet excédent ne puisse s'accumuler jusqu'à former un véritable capital. Un total de 60 marks est regardé comme plus que suffisant pour permettre à chaque individu de se constituer une garde-robe avec ses économies. Ce qui dépasse ce total rentre donc dans la caisse de l'État.

XI. — LA NOUVELLE VIE DOMESTIQUE

Le grand tirage au sort des logements a eu lieu et nous sommes entrés dans notre nouvelle demeure. Il faut dire que nous n'y avons pas précisément gagné. Nous habitions dans le quartier sud-ouest de Berlin au troisième étage, sur le devant, et on nous a assigné un appartement dans la même maison, au troisième étage, sur le derrière. Ma femme est un peu désappointée. Elle avait renoncé, il est vrai, à l'idée d'une villa, mais elle espérait bien encore la moitié d'un premier étage.

J'ai toujours aussi beaucoup sacrifié au logement. Nous avions, jusqu'à présent, pour nous six, deux pièces, deux chambres et la cuisine. Les deux chambres, où couchaient le père et les enfants nous deviennent inutiles maintenant. Nous n'avons pas besoin de cuisine non plus dans l'appartement, puisque les cuisines nationales doivent s'ouvrir demain. Mais j'avais espéré moi-même, sans le dire, avoir deux ou trois jolies pièces. Au lieu de cela, nous avons une pièce à une fenêtre et une espèce de chambre de bonne, comme on disait autrefois. Les pièces sont un peu plus sombres et plus basses et il n'y a pas de cabinets pour débarras.

Cependant tout s'est passé équitablement. Notre municipalité est honnête et il n'y a qu'un filou qui donne plus qu'il n'a. Comme on l'a exposé hier à l'assemblée des représentants de la ville, Berlin, d'après l'ancien cadastre des loyers, a eu jusqu'à présent un million de chambres pour deux millions d'habitants. Or, le besoin de pièces pour des emplois publics a énormément augmenté dans notre société socialisée. Les locaux déjà consacrés à un usage public, y compris les boutiques, ne peuvent donc couvrir qu'une faible partie des besoins actuels. Il y a déjà un million d'enfants et de vieillards à loger dans les établissements d'éducation et les maisons de santé. Les hospices comptent maintenant 80.000 lits.

Les besoins publics doivent passer avant les intérêts privés. Avec grande justice, on a consacré de préférence au service public les plus grandes et les plus belles maisons, notamment dans le quartier ouest de Berlin. Dans les quartiers du centre, on a surtout installé des bureaux et des magasins. Dans les rez-de-chaussée on a établi les cuisines nationales et les restaurants pour le million d'habitants qui n'est pas entretenu dans les établissements nationaux. Dans les maisons de derrière on a placé les blanchisseries destinées à la même catégorie de personnes. Et de la nécessité de réserver des locaux spéciaux pour tant d'usages déterminés, il est naturellement résulté un resserrement des logements privés.

Comme je l'ai dit, la prise de possession de Berlin par le gouvernement a mis à sa disposition un million de chambres en tout. Après avoir satisfait aux services publics, il est resté 600.000 chambres plus ou moins petites, plus quelques centaines de mille cuisines et autres dépendances. Il y avait donc, pour le million d'habitants à installer dans les logements privés, une chambre par tête. Pour empêcher toute injustice, ces chambres ont été tirées au sort : chaque personne de vingt et un à quarante-cinq ans, homme ou femme, a reçu un billet. Le tirage au sort est en général un excellent moyen de rendre hommage au principe de l'égalité quand les lots sont inégaux. Les démocrates socialistes de Berlin avaient déjà institué des tirages de ce genre, sous l'ancien régime, pour les places au théâtre.

Après le tirage au sort des logements, on a autorisé l'échange des chambres tirées. Ceux qui voulaient continuer la vie matrimoniale, mais à qui le sort avait assigné des logements différents comme rue, comme maison ou comme étage, ont changé avec d'autres. A la vérité, je n'ai pu avoir, à côté de la chambre attribuée à ma femme, qu'une chambre de bonne, tandis que j'ai dû céder en échange à un jeune homme la belle chambre qui m'était échue dans la maison voisine. Mais le principal est que nous soyons restés tous deux ensemble.

Il faut dire que tous les gens mariés n'ont pas réussi à faire des échanges convenables. Beaucoup ne se donnent peut-être pas réellement assez de peine pour se remettre ensemble. Le mariage est une affaire privée, on ne peut donc, officiellement, faire tirer à part de grands logements aux gens mariés et de petits logements aux célibataires. Si on le faisait, il pourrait arriver que la rupture d'un mariage, rupture qui doit rester constamment possible, dût être différée jusqu'à ce que des logements de célibataires se trouvent libres. Maintenant, au contraire, si deux époux prennent la résolution privée de se séparer, leurs logements qui avaient été réunis sont de nouveau divisés; on partage les meubles qui avaient été mis en commun, et tout se retrouve comme auparavant.

Ainsi, sur ce point encore, tout dans la nouvelle société a été organisé de la manière la plus logique et la plus ingénieuse. Combien ces institutions qui garantissent toute liberté personnelle à l'homme et à la femme doivent faire rougir ceux qui ont toujours affirmé que la démocratie sociale, c'est l'esclavage de la volonté individuelle !

Pour mon excellente femme et pour moi, ce ne sont naturellement pas là des questions pratiques. Nous resterons fidèlement ensemble, dans la joie et dans la peine, jusqu'à la fin de nos jours. Ce n'est que chez les natures faibles que les liens intimes du cœur ont besoin, comme dans l'ancienne société, d'attaches extérieures pour ne pas se rompre.

Malheureusement, en déménageant il nous a fallu abandonner encore une grande partie de notre mobilier. Le nouveau logement était trop petit pour que nous pussions emporter tout ce qui nous restait depuis le premier enlèvement de nos meubles. Nous avons mis naturellement dans nos deux pièces tout ce qui a pu y tenir, de sorte que nous sommes un peu gênés dans nos mouvements. L'ancienne chambre de bonne est vraiment trop étroite et elle a aussi trop peu de superficie murale. Beaucoup d'autres n'ont pas été mieux partagés. Lors du changement de domicile, il est donc resté dans les rues beaucoup de meubles que leurs propriétaires ne pouvaient emporter dans leurs nouveaux logements. Ces meubles ont tous été enlevés pour compléter autant que possible le mobilier encore bien incomplet de nos grands établissements nationaux.

Mais nous ne voulons pas nous en chagriner. Il s'agit d'organiser dans la nouvelle société, à la place d'une existence privée, étroite et misérable, une vie publique grandiose qui, par des institutions aussi perfectionnées que possible pour l'entretien du corps et de l'esprit, pour la récréation et les plaisirs sociaux de tous les hommes sans distinction, répartisse, uniformément entre tous, les avantages dont une classe privilégiée pouvait seule jouir jusqu'à présent.

L'ouverture des cuisines nationales aura lieu demain et doit être suivie de celle du nouveau théâtre populaire.

XII. — LES NOUVELLES CUISINES NATIONALES

C'est une chose vraiment admirable qu'aujourd'hui, dans tout Berlin, mille cuisines nationales, nourrissant chacune plus de mille personnes, aient pu être ouvertes en même temps. A vrai dire, celui qui s'est imaginé qu'il serait nourri dans ces cuisines nationales comme aux tables d'hôte du Grand-Hôtel dans le temps où une bourgeoisie voluptueuse s'y bourrait de mets recherchés, doit se trouver déçu. Il n'y a, naturellement, pas non plus, dans les cuisines de notre société socialisée, de garçons en habit noir et tirés à quatre épingles, ni de cartes de mets longues d'une aune, ni d'autres choses pareilles.

Tout y est réglementé jusque dans les plus petits détails; nul n'est favorisé le moins du monde aux dépens des autres. On n'a, naturellement, pas le choix entre les diverses cuisines; chacun n'a le droit de manger que dans celle du district où est situé son nouveau logement. Le repas principal se sert de midi à 6 heures du soir. Chacun s'inscrit à sa cuisine respective, soit pour l'intervalle de repos qui lui est accordé au milieu de son travail, soit pour l'heure où son travail est fini. Malheureusement, sauf le dimanche, je ne puis plus manger avec ma femme comme j'en ai l'habitude depuis vingt-cinq ans, car nos heures de travail sont tout à fait différentes.

En entrant dans la salle à manger, vous faites détacher de votre livret par le comptable un coupon de nourriture et vous recevez en échange un numéro qui désigne votre série. Dès que des places se trouvent libres aux tables et que votre tour vient, vous allez prendre votre portion au buffet. Des agents de police veillent rigoureusement à l'ordre; ces agents, dont le nombre est maintenant de douze mille, font les importants dans les cuisines d'une manière assez désagréable. La presse dans la salle à manger est vraiment trop grande. Berlin se montre trop étroit pour les grandioses institutions de la démocratie sociale.

Les séries sont forcément bigarrées. Chacun prend place comme il se trouve au sortir de son travail. En face de moi, un meunier était assis à côté d'un ramoneur ; le ramoneur en riait de meilleur cœur que le meunier. Les places à table sont un peu serrées, de sorte qu'on se sent les coudes. Cependant le repas ne dure pas longtemps; le temps pour manger est même mesuré trop chichement. Lorsque le nombre de minutes réglementaire est écoulé sous la surveillance d'un agent qui se tient, la montre en main, devant chaque rangée de tables, il faut sans rémission céder sa place à ceux qui attendent par derrière.

Cela élève pourtant le cœur de sentir que le même jour, dans toutes les cuisines nationales de Berlin, on fait cuire les mêmes choses. Comme chaque cuisine sait exactement pour combien de personnes elle doit s'organiser, et qu'on épargne à ces personnes la peine de faire un choix préalable sur une longue liste de mets, on évite toutes les pertes qui autrefois ont rendu la consommation si chère dans les restaurants de la bourgeoisie, à cause des restes. Cette économie est un des plus grands triomphes de l'organisation démocratico-socialiste.

A l'origine, nous disait notre voisine, la cuisinière, on voulait offrir au choix, dans chaque cuisine, des mets variés, de telle sorte que le choix se trouvât graduellement restreint pour les derniers venus, à mesure que les plats s'épuiseraient. Mais on s'est bientôt convaincu que ce serait une injustice à l'égard de ceux qui ne pourraient venir que tard au restaurant parce que leur temps de travail occuperait les heures précédentes.

Toutes les portions sont d'égale grosseur pour tout le monde. On s'est moqué de bon cœur d'un glouton qui demandait un supplément, contrairement au principe de l'égalité sociale démocratique. L'idée d'attribuer aux femmes de plus petites parts a été repoussée comme contraire à l'égalité des deux sexes et à leur obligation égale de travailler. A vrai dire, des hommes d'une forte corpulence ont de la peine à se contenter de la portion ordinaire. Mais, pour ceux qui se sont engraissés dans leur ancien bien-être de bourgeois, il est très sain de se serrer le ventre; et quant aux personnes qui doivent leur embonpoint à une vie sédentaire et à une disposition naturelle, les huit heures de durée maximum du travail leur laissent des loisirs pour faire de l'exercice. Chacun peut d'ailleurs apporter de chez lui comme addition au repas, telle quantité de sa portion de pain qu'il peut manger. En outre, il est permis à ceux qui trouvent leurs portions trop grosses d'en céder une partie à leurs voisins de table.

Comme le racontait notre voisine, le ministère, en réglant la nourriture du peuple, a pris pour bases du menu les données expérimentales de la science sur le nombre de grammes qu'il faut fournir au corps, soit en aliments azotés (albumine), soit en aliments non azotés (graisses et hydrocarbures), pour le maintenir dans les mêmes conditions matérielles.

Il y a tous les jours pour chaque individu de la viande (150 grammes en moyenne par portion), avec du riz, de l'orge, ou des légumes (pois, haricots, lentilles), et presque toujours des pommes de terre en abondance. Le jeudi il y a de la choucroute avec des pois. Ce qu'on fait cuire chaque jour à Berlin peut se lire sur les colonnes d'annonces. On y publie d'avance le menu de toute la semaine, comme autrefois le programme des théâtres.

Sur quel point du monde y a-t-il jamais eu un peuple où, comme maintenant chez nous, chacun ait sa portion de viande assurée tous les jours? Un roi de France même ne pouvait s'imaginer d'idéal plus élevé que la poule au pot chaque dimanche pour tous les paysans. Il faut ajouter qu'à côté de la base uniforme que l'État a établie pour la nourriture, chacun reste libre de se donner matin et soir, aux autres repas, tout ce que désire son palais, dans les limites du certificat monétaire, naturellement.

Plus de gens sans pain ! plus de gens sans asile ! La marmite mise pour tout le monde, tous les jours. La pensée d'avoir déjà atteint ce but est si belle qu'elle doit faire oublier beaucoup d'incommodités que la nouvelle organisation entraîne tout de même avec elle. Il faut avouer que la portion de viande pourrait être un peu plus grosse. Mais notre gouvernement, dans sa prudence, ne voulait pas donner au début plus de nourriture qu'on n'en consommait en moyenne, jusqu'à présent, dans Berlin, au repas principal. Plus tard, tout sera chez nous plus abondant et plus grandiose, à mesure que les nouvelles institutions se perfectionneront et que les états de transition disparaîtront.

Une seule chose arrête mon âme dans son essor : le chagrin de mon excellente femme. Elle est devenue très nerveuse et le devient chaque jour davantage. Pendant nos vingt-cinq années de mariage, nous n'avons pas eu tant de querelles que depuis l'établissement de la nouvelle organisation. Les cuisines nationales ne lui conviennent pas non plus. « C'est là, dit-elle, de la nourriture de caserne et non de la cuisine bourgeoise. La viande est trop cuite, les sauces trop délayées, etc. » Quand elle sait huit jours à l'avance ce qu'il faudra manger chaque jour, elle en perd l'appétit. Et cependant elle s'est si souvent plainte à moi autrefois de ne plus savoir que nous donner à manger, avec la cherté des vivres! Comme elle était contente quand il lui arrivait, le dimanche, de n'avoir pas de repas à préparer parce que nous faisions une petite sortie! Mais les femmes ont toujours quelque chose à redire à la cuisine qu'elles n'ont pas faite elles-mêmes.

J'espère que lorsqu'elle aura vu seulement une fois les enfants et le père dans leurs établissements, et qu'elle les aura trouvés bien portants et gais, elle reprendra l'égalité d'âme qui jadis ne la quittait jamais, même aux temps les plus difficiles de notre mariage.

XIII. — UN INCIDENT FACHEUX

Notre chancelier n'est plus aussi aimé qu'autrefois. Je le déplore d'autant plus sincèrement qu'il ne peut pas y avoir d'homme d'État plus capable, plus énergique, plus actif, de démocrate-socialiste plus pratique. Mais, à vrai dire, tout le monde n'est pas aussi intelligent que moi. Quiconque trouve quelque chose à redire à la nouvelle organisation, quiconque se sent déçu dans son attente, en rejette la faute sur notre chancelier. Beaucoup de femmes sont irritées contre lui depuis le grand déménagement et l'installation des cuisines nationales. On dit même qu'un grand parti de réaction est en train de se former parmi les femmes. Naturellement, ma femme n'en est pas, je l'espère; Agnès non plus.

On a aussi perfidement répandu le bruit que le chancelier est un aristocrate. Il ne cirerait pas lui-même ses bottes et ferait brosser ses habits par un domestique, qui va, en outre, chercher sa nourriture à la cuisine où il devrait manger, et la lui apporte au château. Ce seraient vraiment là de graves infractions au principe de l'égalité; mais on se demande encore si c'est vrai. Enfin, ce mécontentement que le parti des « Jeunes » nourrit évidemment à dessein, s'est manifesté publiquement d'une manière très vilaine et très blâmable. Sur l'ancienne place du château, le nouveau monument allégorique en l'honneur des exploits de la Commune de Paris, en 1871, a été inauguré hier. Depuis lors, la place est constamment couverte de curieux qui contemplent ce monument grandiose. Il en était ainsi lorsque le chancelier, revenant d'une promenade au Thiergarten, arriva sur le pont du château pour rentrer par la grande porte. Dès les environs de l'arsenal, il y eut des sifflets, des cris et du tapage. Probablement, la garde à cheval, qui est aussi rétablie maintenant, s'était montrée trop zélée pour faire place à la voiture du chancelier. Le tumulte augmentait à mesure que la voiture s'approchait. Des cris retentissaient : « A bas l'aristocrate! le bourgeois! le repu! — Hors de la voiture! — L'équipage au canal! » Évidemment la foule était irritée par la vue d'une voiture privée, chose devenue très rare maintenant.

Le chancelier, chez qui l'on remarquait une colère contenue, n'en saluait pas moins avec calme de tous côtés et faisait avancer sa voiture au pas vers la porte du château. Tout près d'y arriver, il fut assailli par de la boue et toutes sortes d'ordures jetées, à ce qu'il semblait, par un rassemblement de femmes. Je l'ai vu moi-même secouer son habit et empêcher les gardes de fondre en armes sur ces femmes. Des actes aussi indignes de la démocratie ne devraient pas se produire. Aussi ai-je entendu dire plusieurs fois aujourd'hui qu'on prépare de grandes ovations au chancelier.

XIV. — CRISE MINISTÉRIELLE

Le chancelier a offert sa démission. Tous les gens sensés ne peuvent que le déplorer sincèrement, surtout après l'incident d'hier. Il faut que le chancelier soit un peu surmené et énervé. Ce ne serait pas étonnant, en effet, car il a cent fois plus à penser et à travailler que les anciens chanceliers de la bourgeoisie. L'ingratitude de la foule l'a profondément blessé; l'incident de la porte du château a été la dernière goutte qui fait déborder le vase.

Tout de même; c'est la question du nettoyage des bottes qui

a provoqué la crise ministérielle. On sait maintenant que le chancelier a présenté, il y a déjà longtemps, un mémoire détaillé sur ce sujet au ministère, qui a toujours ajourné sa décision. Maintenant il demande une solution immédiate et publie son mémoire dans le *Vorwärts*. Il réclame dans ce document, qu'on lui accorde un traitement à part. Il ne peut, dit-il, se passer pour sa personne des services d'autrui. La durée maximum de huit heures, pour la journée de travail, ne peut en fait s'appliquer à lui, à moins qu'on n'établisse trois chanceliers au lieu d'un, lesquels, pendant les vingt-quatre heures, gouverneraient chacun huit heures.

Le chancelier explique qu'il a perdu chaque matin beaucoup de temps et de force à nettoyer ses bottes et ses vêtements, à faire sa chambre, à aller chercher son déjeuner, etc.: par suite, d'importantes affaires d'État, que lui seul pouvait expédier, auraient subi un retard. Pour ne pas paraître devant les ambassadeurs des puissances étrangères avec des boutons arrachés (on sait que le chancelier est célibataire), il aurait dû s'occuper lui-même des réparations qui ne pouvaient attendre d'être confiées aux grands établissements nationaux de raccommodage: il aurait évité de grandes pertes de temps, pour le plus grand bien de la communauté, si un domestique lui avait rendu ces services. Il ajoute qu'il n'a pas voulu prendre ses repas dans la cuisine nationale de son district, à cause de l'affluence des pétitionnaires qui lui faisaient littéralement la chasse. Enfin, il prétend n'avoir fait des promenades en voiture au Thiergarten que lorsqu'il lui était impossible, faute de temps, de prendre l'air d'une autre façon.

Tout cela paraît très plausible, mais on ne peut pourtant pas nier que la motion du chancelier ne lèse le principe de l'égalité sociale et qu'elle ne soit propre à ramener, avec la domesticité, l'esclavage domestique. Car ce que le chancelier demande pour lui, tous les autres ministres et les directeurs ministériels, peut-être même les conseillers référendaires, les directeurs des grands établissements nationaux, les bourgmestres et les magistrats municipaux auraient autant de droit à le demander. D'autre part, il est fâcheux que la machine de l'État, lorsque tant de choses dans notre grande organisation dépendent de son fonctionnement régulier, soit arrêtée parce que le chancelier doit recoudre ses boutons et cirer ses bottes avant de donner audience.

En tout cas, c'est là une question d'une plus grande portée

que beaucoup de gens ne le penseront à première vue. Je ne puis encore me mettre dans l'idée qu'un chancelier aussi remarquable et un démocrate socialiste aussi entendu doive trouver sur ce point la pierre d'achoppement de sa carrière.

XV. — ÉMIGRATION

La crise ministérielle provoquée par la question du nettoyage des bottes dure toujours. En attendant, on a mis en vigueur une loi déjà promulguée autrefois contre l'émigration non autorisée. La démocratie sociale repose sur l'obligation universelle au travail, de même que l'ancienne organisation s'appuyait sur l'obligation universelle au service militaire. Pas plus qu'il n'était permis autrefois aux personnes comprises dans les limites d'âge du service militaire d'émigrer sans autorisation, cela n'est permis dans notre société aux gens qui sont à l'âge de l'obligation au travail. Que des vieillards affaiblis par l'âge, que des enfants émigrent, nous y consentons; mais l'émigration ne peut être permise à des gens qui doivent à l'État leur éducation et leur instruction, tant qu'ils sont encore en âge de travailler.

Dans les premiers temps de la nouvelle organisation, ce n'étaient presque que des rentiers qui passaient la frontière avec leurs familles. Leur force de travail entrait, il est vrai, en ligne de compte dans nos plans; mais ces rentiers, qui n'avaient été habitués jusqu'alors qu'à signer des chèques et des quittances, rendaient en réalité si peu de services qu'on pouvait renoncer à leur concours. Il suffisait de prendre soin qu'ils n'emportassent pas d'argent ni de valeurs au delà de la frontière. Il fallait aussi subir l'émigration de presque tous les peintres, des sculpteurs, de beaucoup d'écrivains. L'établissement de l'industrie en grand ne plaît pas à ces messieurs; ils hésitent à travailler dans de grands ateliers communs, sous la surveillance et pour le compte de l'État. Qu'ils s'en aillent donc! Il y a encore assez de poètes de bonne volonté qui montent Pégase à leurs moments de loisir pour célébrer la démocratie sociale. Quant aux peintres et aux sculpteurs, on leur demandait de ne plus mettre leurs œuvres d'art aux pieds des financiers, mais de les consacrer à la communauté; et cela ne convient pas à ces valets de Mammon!

Seulement, l'émigration des sculpteurs a pour conséquence que l'érection « sous les Tilleuls » de beaucoup des statues de nos héros n'a pu encore avoir lieu. Même les statues des immortels lutteurs, Stadthagen et Liebknecht, ne sont pas finies. Par contre, nous avons pour orner nos salles de réunion une abondance de tableaux enlevés aux salons des bourgeois.

Messieurs les écrivains qui critiquent tout, et dont la profession est de répandre le mécontentement parmi le peuple, sont totalement superflus dans un État reposant sur la volonté de la majorité populaire. Déjà Liebknecht proclamait cet immortel principe: « Quiconque ne se plie pas à la volonté de la majorité et détruit la discipline, doit s'en aller. » Tant mieux si ces messieurs s'en vont d'eux-mêmes !

Il était inutile de défendre l'émigration pour ces gens-là. Mais il est étonnant que même des gens utiles, qui ont appris quelque chose, passent les frontières en nombre toujours croissant, aillent en Suisse, en Angleterre et en Amérique où la démocratie sociale n'est pas encore parvenue à la domination. Architectes, ingénieurs, chimistes, médecins, professeurs et aussi chefs d'industrie, modeleurs, contremaîtres, émigrent en masse. Le fait s'explique par un orgueil déplorable : ces gens s'imaginent être quelque chose de supérieur et ne peuvent supporter de recevoir un salaire égal à celui du simple et honnête ouvrier. Mais Bebel écrivait déjà avec raison : « Chacun est ce que la société l'a fait. Les idées sont un produit engendré par l'esprit du temps dans la tête des individus. » Il faut dire que l'esprit du temps s'était longtemps égaré dans l'ancienne société : de là cette vanité.

Quand la jeunesse aura été élevée dans les maisons d'éducation de la démocratie sociale et qu'elle s'y sera laissée pénétrer par la noble ambition de consacrer toutes ses forces à la communauté, nous pourrons nous passer de ces aristocrates ; jusque-là leur devoir est de rester en Allemagne. On ne peut donc qu'approuver les mesures rigoureuses pour empêcher l'émigration. Il est nécessaire de garnir les frontières, notamment les côtes et la frontière suisse ; l'armée active sera augmentée à cet effet de nombreux bataillons d'infanterie et de nombreux escadrons de cavalerie ; les patrouilles de frontière ont reçu l'ordre de faire usage de leurs armes sans ménagements contre les fugitifs. Puisse notre énergique chancelier nous rester longtemps encore !

XVI. — CHANGEMENT DE CHANCELIER

Mon vœu ne s'est pas réalisé. Le chancelier a résigné ses fonctions et on a élu pour le remplacer le président du Reichstag. Le ministère, qui a aussi subi un renouvellement partiel, n'a pu se décider à l'unanimité à mettre des domestiques à la disposition du chancelier pour les convenances personnelles de sa vie privée, et sous sa responsabilité, parce qu'on ne pouvait prévoir les conséquences d'une telle infraction à l'égalité. Avec quelle facilité l'édifice social ne peut-il pas s'écrouler, si, dans sa construction logique, une seule pierre vient à se détacher! Bebel écrivait déjà dans ses considérations sur cette question du cirage des bottes : « Le travail ne déshonore pas, même s'il consiste à cirer des bottes. En Amérique, plus d'un officier de la vieille noblesse a dû apprendre à le faire. » Le gouvernement était disposé à suivre, pour la solution de cette difficulté, la direction indiquée par Bebel et à chercher avec sollicitude le moyen de nettoyer les bottes et les vêtements à l'aide de machines. Mais le chancelier n'a pas non plus accepté d'être servi par des machines.

Il s'est donc retiré. Son successeur, élu par le comité législatif, passe pour un homme de caractère moins énergique et plus conciliant, qui n'aime se brouiller avec personne et qui veut satisfaire autant que possible tous les désirs.

Le nouveau chancelier a paru aujourd'hui dans la cuisine de son quartier avec ostentation, il a mangé avec la série correspondante à son numéro, et il s'est promené à pied « sous les Tilleuls », ayant sous le bras un gros paquet de vêtements qu'il portait à l'établissement de réparation du quartier pour les faire nettoyer et raccommoder.

XVII. — IMPRESSIONS D'ATELIER

J'ai eu le plaisir d'obtenir aujourd'hui le poste de contrôleur que mon ami de la commission industrielle m'avait promis depuis longtemps. Je n'ai donc plus besoin de travailler comme relieur à l'atelier. Si seulement mon Franz, à Leipzig, pouvait aussi quitter son pupitre d'imprimerie! Non que nous méprisions nos occupations professionnelles, mais il en est pour mon fils comme pour moi. La manière dont les choses se passent maintenant dans les ateliers ne nous convient pas du tout. On ne travaille pas seulement pour gagner son pain. Bien que Schiller fût un bourgeois, ces vers de lui m'ont toujours plu :

« Ce qui fait la gloire de l'homme, — et l'intelligence lui a été donnée pour cela, — c'est qu'il sent dans son âme ce qu'il exécute avec sa main. »

Malheureusement nos camarades des ateliers ne sentent pas grand'chose. On pourrait presque dire que les ateliers ne sont maintenant que des lieux où tuer le temps. Le mot d'ordre est celui-ci : aller lentement afin que le voisin puisse suivre. Il n'y a plus de travail à la tâche, il ne s'accorde pas avec l'égalité des salaires et de la durée du travail. « Avec un salaire assuré, m'écrit Franz, on dit maintenant : Si l'ouvrage ne se fait pas aujourd'hui, il se fera demain. L'application et le zèle passent pour naïveté et niaiserie. Mais aussi, à quoi bon? Il n'est pas plus utile dans la vie d'être laborieux que d'être fainéant. On n'est plus l'artisan de son propre bonheur; on subit le sort que vous font les autres. » Ainsi parle Franz. En cela il a moins tort qu'autrefois.

On ne peut dire combien il se gâte maintenant de matériaux et d'instruments par l'inattention et la négligence. Je ne sais pas ce que j'aurais fait, quand j'étais patron, si j'avais eu affaire à des ouvriers comme ceux qui travaillent à mes côtés. Une fois, c'en a été trop, j'ai perdu patience et j'ai prononcé un discours qui n'était pas mal :

« Collègues, la société attend que chacun fasse son devoir. Nous n'avons plus maintenant que huit heures de travail; vous êtes tous de vieux démocrates socialistes. Notre Bebel a exprimé autrefois l'espoir que, dans la nouvelle organisation, une atmosphère morale exciterait tout le monde à l'émulation. Songez-y, camarades, nous ne travaillons plus pour des exploiteurs et des capitalistes, mais pour la société; chacun de nous doit tout à la société. »

— « Bien prêché, me cria-t-on. C'est dommage que nous n'ayons plus besoin de pasteurs. Bebel nous a promis la journée de travail de quatre heures et non de huit heures. La société est grande. Dois-je me tracasser et m'échiner pour une société de 50 millions d'hommes, quand les 49.999.999 autres ne sont pas aussi fous? Et que pourrais-je m'acheter avec le cinquante-millionième du surplus que produirait mon travail, à supposer qu'il me revînt? »

Puis ils se mirent à chanter en chœur : « Si la société ne te convient plus, cherches-en une autre. »

Depuis lors, naturellement, je n'ai plus soufflé mot. Malheureusement, il est arrivé la même chose à Franz. Là-bas, le journal est rarement imprimé à l'heure exacte, quoiqu'il y ait moitié plus de compositeurs qu'autrefois pour chaque feuille. Plus la soirée s'avance, plus on a bu de tonnelets de bière en travaillant et plus les fautes d'impression se multiplient.

Comme Franz, dernièrement, remplaçait le metteur en pages malade et demandait poliment un peu plus de tranquillité dans l'atelier, tout le personnel entonna *la Marseillaise* en appuyant particulièrément sur ces mots : « A bas la tyrannie! »

Il y a, comme autrefois, des contremaîtres et des premiers ouvriers dans les ateliers, mais ils sont élus par les ouvriers et déposés par eux quand ils cessent d'être agréables à leurs subordonnés. Ils n'osent donc pas se brouiller avec les meneurs ni avec la majorité. Ceux qui, comme Franz et moi, ne partagent pas cette conduite s'en trouvent mal. Tantôt leurs collègues, tantôt leurs contremaîtres, les maltraitent. Et pourtant on ne peut pas plus quitter son atelier que le soldat la section où il est maltraité par son sous-officier.

L'ancien chancelier l'a bien compris, mais il n'a rien pu y faire La loi pénale édictée sous son influence contre les infractions au devoir du travail reste affichée dans chaque atelier tant qu'on ne la déchire pas. Toute une liste de châtiments menace la paresse, l'inattention, la négligence, l'insubordination, l'impolitesse envers les supérieurs; ces châtiments sont la suppression du certificat d'argent, de la portion de viande, voire même de tout le repas principal, l'internement dans une maison de correction. Mais quand il n'y a pas de plaignant, il n'y a pas de juge.

Les directeurs d'ateliers sont élus, comme les contremaîtres, et n'osent pas non plus se brouiller avec leurs électeurs. En outre, la procédure est si compliquée qu'il est difficile d'obtenir une condamnation.

Dernièrement, il est vrai, quelques maçons ont été dénoncée par le public parce qu'ils prenaient trop de repos et exami-

3

naient trop minutieusement chaque pierre employée à leur travail. Une autre fois, tout le personnel d'un atelier, du haut en bas, a été transféré d'une ville à une autre. Mais, en règle générale, ces déplacements n'ont lieu que pour des motifs politiques. C'est pourquoi le parti des « Jeunes » demande maintenant que l'inamovibilité des juges s'étende à tous les ouvriers.

D'ailleurs, le déplacement n'est pas un remède suffisant. Chacun retrouve partout, ainsi que le veut l'égalité sociale, le même salaire, la même nourriture, le même logement qu'il a quitté. Pour beaucoup de jeunes mutins, le déplacement est un changement agréable; les vieillards, qui ne se séparent pas volontiers de leur femme et de leurs enfants, sont les seuls à en souffrir. Mais Rome n'a pas été bâtie en un jour. Qu'est-ce que cet esprit d'égoïsme qui règne dans les ateliers, sinon le détestable héritage d'une société où chacun cherchait à passer par-dessus les autres? Nos nouvelles écoles, nos nouvelles maisons d'éducation créeront bientôt une atmosphère morale dans laquelle l'arbre de la démocratie sociale poussera d'heureux rameaux, donnant l'ombre et le bonheur à toute l'humanité.

XVIII. — SOUCIS DE FAMILLE

C'était un dimanche, mais pas un dimanche d'autrefois. Il avait enfin été permis à ma femme d'aller voir Annie cet après-midi : la règle des grands établissements ne permet les visites des parents qu'à tour de rôle. Comme ma femme s'était réjouie à l'idée de revoir son enfant! Elle enveloppa soigneusement les friandises et les jouets qu'Annie a toujours aimés, pour les lui porter; mais, à son grand chagrin, elle dut laisser son paquet à l'entrée. Les enfants ne peuvent posséder des jouets en particulier, cela ne s'accorde pas avec l'éducation comprise dans le sens de l'égalité sociale. Il en est de même des gâteaux; ils amèneraient des querelles, des batailles, ils troubleraient la régularité des repas. Ma femme n'avait encore aucune connaissance de ces nouvelles dispositions, car, dans son établissement, elle est occupée à la cuisine et non auprès des enfants.

Mon excellente femme s'était imaginé que la joie d'Annie en la revoyant serait plus bruyante, plus vive, plus tendre. Dans ce nouveau milieu, l'enfant a été moins familière qu'autrefois avec sa mère. A la vérité, la séparation n'a pas encore été trop longue ; mais, pour les petits enfants, on peut bien dire : loin des yeux, loin du cœur. En outre, pour Annie, malheureusement, la pensée de revoir sa mère avait toujours été liée à celle des douceurs et des jouets qu'elle lui apporterait, et voilà que ma femme arrivait les mains vides. Annie aimait autant continuer ses jeux avec les autres enfants que de recevoir les caresses maternelles. Ma femme l'a trouvée un peu pâle et changée. Le changement de vie et de nourriture en est peut-être la cause. Dans son institution comme dans toutes les autres, les choses se font encore économiquement et l'exploitation en grand ne permet pas de traiter chaque individu avec soin. D'ailleurs, la mine de l'enfant change souvent très vite ; si Annie était chez nous, sa mère, avec son expérience, ne se tourmenterait pas. Mais il n'en est pas de même à distance ; la mère s'imagine facilement une maladie qu'elle ne peut combattre.

En outre, ma femme a été particulièrement irritée par une conversation avec une gardienne de l'établissement. Celle-ci interrompit brusquement ses plaintes sur la séparation des petits enfants et de leurs parents, en lui disant : « Nous entendons tous les jours des lamentations de ce genre. La vache elle-même, qui n'a pas d'intelligence, se console bientôt quand on lui prend son petit. Combien les femmes, qui appartiennent à l'espèce pensante, devraient le faire plus aisément ! »

Ma femme voulait se plaindre auprès de la direction de la grossièreté de cette dame. Je l'en détournai, car celle-ci le ferait payer cher à Annie. Cette personne n'a jamais eu d'enfants, et ne peut plus trouver de mari, bien qu'elle ait plusieurs fois profité de l'émancipation des femmes pour faire elle-même des propositions de mariage.

Ma femme n'était pas encore revenue de l'établissement, qui est fort loin, quand le grand-père est arrivé. Le vieillard avait péniblement gravi l'escalier raide et obscur de notre nouveau domicile. J'ai été heureux que ma femme ne fût pas présente, car les plaintes de son père lui auraient encore plus serré le cœur.

Il ne se plaignait, à vrai dire, que de choses frivoles et accessoires. Mais les vieilles gens tiennent à de petites habitudes qui se sont trouvées rompues un peu brusquement. Sa santé, disait-il, est aussi moins bonne ; il a des douleurs par ici, des picotements par là; je n'ai pas aperçu de changement extérieur, mais le grand-père a maintenant plus de temps pour penser à lui-même qu'il n'en avait autrefois dans notre cercle de famille, où il était distrait par une chose ou par une autre. Il aimait à être auprès de moi à l'atelier et cherchait à s'y rendre utile. Ce qu'il faisait n'avait guère d'importance, mais cela l'occupait. Pour les vieilles gens, l'oisiveté n'est pas un bien, car un travail, si petit soit-il, conserve un intérêt dans leur vie, les rattache au présent, les préserve d'une décadence physique et morale trop rapide. Je ne pouvais pas laisser retourner seul à son établissement le vieillard que l'absence de nos vieux meubles dans notre petit logis irritait beaucoup; je partis donc avec lui.

Malheureusement, notre Ernest est venu nous voir pendant que j'accompagnais le grand-père et avant que ma femme ne fût revenue. Il a trouvé porte close. Il a raconté au fils de notre voisin, son ancien compagnon de jeu, qu'une nostalgie invincible l'a poussé à venir voir ses parents pendant une heure de liberté. Il ne peut toujours pas s'habituer à l'établissement où il est instruit; il n'aime pas lire, écrire, apprendre par cœur, en un mot étudier. Il veut être ouvrier et n'apprendre que ce qui a trait à son métier; je suis convaincu qu'il ferait, en effet, un habile ouvrier. Mais notre ministre de l'instruction publique pense, comme Bebel, que les hommes sont nés à peu près avec la même intelligence et que, par conséquent, tous doivent, jusqu'à l'âge de dix-huit ans, où commence l'éducation pratique, recevoir la même éducation intellectuelle, fondement nécessaire de la future égalité sociale.

XIX. — DIVERTISSEMENTS POPULAIRES

Sur toutes les places publiques de Berlin on exécute maintenant de la musique. Le nouveau chancelier s'entend à se faire aimer. Dans chaque théâtre, il y a deux représentations gratuites par jour, et trois le dimanche. Naturellement les théâtres légués par la bourgeoisie au peuple travailleur sont beaucoup trop petits; d'autres grands locaux, des églises, par exemple, ont donc été affectés aux divertissements populaires. Pour les églises, cela choque encore quelques personnes qui ne peuvent se débarrasser des préjugés venant de leur éducation. Mais les biens de l'Église sont des biens nationaux, et les biens nationaux, d'après la loi fondamentale de l'État, formulée dès le mois d'octobre 1891, au congrès d'Erfurt, ne peuvent être employés à des usages ecclésiastiques et religieux.

Naturellement, on ne joue dans tous les théâtres que des pièces qui glorifient le nouveau régime et qui renouvellent d'une manière vivante le souvenir de l'infamie des exploiteurs et des capitalistes d'autrefois. A vrai dire, cela paraît à la longue un peu monotone, mais cela fortifie les bons sentiments, ce qui est tout de même nécessaire de temps en temps.

Au commencement, chacun était libre d'aller au théâtre où et comme il voulait; mais ici encore, la concurrence sans frein a été remplacée par une organisation méthodique des plaisirs populaires. Les pièces classiques de la démocratie sociale se jouaient devant des bancs vides, tandis que dans les théâtres de genre une pomme n'eût pu tomber à terre; on s'y battait presque pour les meilleures places. Aujourd'hui, les conseillers municipaux, répartissent les représentations par séries entre les divers quartiers et rues. Après quoi, les directeurs de théâtres font tirer les places au sort par les personnes désignées pour chaque représentation, comme cela s'est fait à Berlin dès 1889 pour le théâtre populaire démocratico-socialiste.

Mais, heureux en ménage, malheureux au jeu; nous en avons fait l'expérience à ce propos. Ma femme et moi, nous avons tiré par trois fois de si mauvaises places que ma femme ne pouvait rien entendre, ni moi rien voir. Il faut dire qu'elle a l'oreille un peu dure et que j'ai la vue basse : deux choses qui, au théâtre, ne s'accordent pas bien avec l'égalité sociale.

De nombreuses réunions dansantes publiques, organisées par la municipalité, ont lieu aussi tous les soirs. L'admission y est réglée de la même manière que pour les représentations théâtrales; jeunes et vieux ont également droit à y prendre part. La réforme de la danse au sens démocratico-socialiste offrait quelque difficulté. On met en pratique l'égalité sociale accordée aux femmes en faisant alterner constamment le tour des dames et celui des messieurs. Bebel a bien dit : « La femme fait et reçoit des propositions de mariage »; mais quand on a essayé d'appliquer ce principe en permettant aux deux sexes de faire des invitations pour chaque danse, on a dû y renoncer bientôt, parce que cela menaçait de changer le bon ordre en une confusion tumultueuse.

Le *Vorwärts* a publié à ce sujet une série de communications intéressantes, où l'on discutait avec autant de subtilité que de profondeur la question de savoir si, dans la société socialisée, il y a, pour la danse, un droit des femmes sur les hommes et des hommes sur les femmes.

De l'obligation égale au travail, a écrit une dame au *Vorwärts*, découle le droit à un salaire égal. Or, les danses organisées par l'État font partie de la rémunération du travail. Mais si, pour une dame, on ne conçoit pas de danse bien organisée sans un cavalier, il est encore plus évident que sans dames il n'y a pas de plaisir pour les cavaliers.

En conséquence, l'honorable auteur de l'article proposait d'employer le sort pour former les couples de chaque danse, conformément au principe de l'égalité sociale, sans distinction de jeunes et de vieux, de beaux et de laids. « De même que, dans la société socialisée, personne n'est sans travail, ni sans abri, il ne doit plus y avoir, disait-elle, dans les réunions dansantes, de dames sans cavalier. »

Mais, dans un autre article, un professeur de droit naturel moderne a montré que d'une semblable organisation des danses, on arriverait à tirer de graves conséquences logiques, à admettre, par exemple, le droit de l'État à régler les mariages par voie de tirage au sort entre tous les hommes et toutes les femmes.

De même que le mariage est un contrat privé, placé en dehors de l'intervention de tout fonctionnaire, le lien momentané établi par la danse entre un danseur et sa danseuse doit garder le caractère d'un contrat privé; des ordonnateurs de la danse ne doivent donc pas s'immiscer dans les engagements, ni par voie de tirage au sort ni autrement.

Le fait est qu'il doit y avoir un nombre considérable de dames aux yeux desquelles l'égalité sociale entraîne la suppression de toute distinction entre les gens mariés et non mariés. Dernièrement, ces dames se sont jointes au parti des « Jeunes », bien que la plupart d'entre elles soient d'un âge assez mûr. En étendant aux femmes le droit de suffrage, on n'a pas peu contribué à renforcer l'opposition pour les prochaines élections aux Reichstag.

Le nouveau chancelier a commencé à préparer ces élections. Les premières institutions de l'État démocratico-socialiste ont donné tant à faire au gouvernement qu'il n'avait pas encore pu s'en occuper. Le droit d'élection actif et passif, est accordé à tout le monde, sans distinction de sexe, au-dessus de vingt ans. D'après la décision prise au congrès d'Erfurt en octobre 1891, le système du vote proportionnel est mis en vigueur; c'est-à-dire qu'on formera de très vastes circonscriptions électorales nommant plusieurs députés, et que chaque parti aura au Reichstag un nombre de représentants proportionnel au nombre de voix obtenu par lui.

XX. — EXPÉRIENCES FACHEUSES

Ma femme et ma belle-fille veillent fort avant dans la nuit pour coudre en cachette. Il s'agit d'un costume neuf pour Agnès. Strictement, comme contrôleur, je devrais les dénoncer à la justice pénale pour surproduction par prolongation de la durée maximum du travail. Mais, elles ne font pas partie des cinquante personnes qui composent la section soumise à mon contrôle.

Ces deux dames causent plus volontiers que jamais en taillant leurs étoffes. Si je comprends bien, elles n'ont pas trouvé dans les magasins de vente ce qu'elles cherchaient, et se le fabriquent elles-mêmes en transformant d'autres vêtements. Toutes deux se plaignent à l'envi des nouveaux magasins. Étalage, réclame, envoi des catalogues, tout cela a cessé; on n'est plus du tout renseigné, disent-elles, sur les nouveautés ni sur les prix. Les vendeurs préposés par l'État parlent aussi brièvement que les employés des chemins de fer. La concurrence des magasins entre eux a naturellement pris fin; chacun se voit assigner un seul magasin pour chaque besoin donné. Ainsi le veut l'organisation de la production et de la consommation.

Il est d'après cela tout à fait indifférent au vendeur que l'on achète ou non. Maint vendeur commence à prendre un air maussade dès que la porte du magasin s'ouvre, l'interrompant peut-être au milieu d'une lecture ou d'une conversation intéressante. Plus on se fait montrer de choses, plus on demande de renseignements sur la qualité et la solidité de l'étoffe, et plus il montre de mauvaise grâce. Plutôt que d'aller chercher la marchandise demandée dans une autre partie du magasin, il dit qu'elle n'existe pas.

Si l'on demande des vêtements tout faits (car il est interdit d'en confectionner, même pour son propre usage, en dehors du temps maximum de travail), on s'en trouve fort mal. L'essayage se fait comme pour l'équipement des recrues, il faut absolument que le numéro choisi convienne. Si on fait exécuter ses vêtements sur commande et si on les trouve, à l'essayage, trop étroits ou trop larges, il faut beaucoup d'éloquence pour persuader au vendeur de les retoucher. Si l'on n'y parvient pas, on est obligé de prendre le vêtement tel quel, ou bien de faire un procès à l'autorité administrative compétente.

A la vérité, les procès se font maintenant à très peu de frais. Comme l'a déjà décrété le congrès d'Erfurt, en octobre 1891, la justice et l'assistance judiciaire sont gratuites. Il a fallu en conséquence décupler le nombre des juges et des avocats ; mais cela ne suffit pas encore, car les plaintes sur l'insuffisance et l'imperfection des objets livrés par les ateliers nationaux, sur les défauts des logements et de la nourriture, sur l'inconvenance des vendeurs et des autres employés, sont aussi nombreuses que les grains de sable de la mer.

Aussi, avec des séances de huit heures, les tribunaux ne parviennent pas à se conformer aux rôles, quoique les avocats ne cherchent guère à faire traîner les procès. Au contraire, on se plaint que depuis la suppression de leurs honoraires et leur transformation en fonctionnaires publics, ils écoutent à peine leurs clients et cherchent à tout expédier en bloc, aussi sommairement que possible. Aussi, malgré la gratuité de la justice et de la défense, beaucoup de gens qui ne cherchent pas dans la poursuite des procès une sorte d'amusement, se résignent à prendre toutes les injustices en patience pour s'épargner des courses, des pertes de temps, des contrariétés.

Il est affligeant de voir combien les attentats à la propriété se multiplient, malgré la suppression de l'or et de l'argent. En ma qualité de contrôleur, j'aperçois maintenant derrière les coulisses bien des choses qui échappaient autrefois à mon regard. Le nombre des détournements est environ sept fois plus grand que jadis. Des employés de tout genre vendent des marchandises volées à l'État en échange d'une rémunération personnelle ou d'un service quelconque; ou bien ils remplissent leur emploi sans détacher, comme il devraient le faire, ou sans porter à la caisse, le coupon que doit donner l'acheteur. En trompant sur la quantité ou la qualité des objets vendus, ils tâchent de compenser ce qui manque et ne peut être représenté par le coupon correspondant.

Il y a aussi très souvent des vols de certificats d'argent. Les photographies que portent les livrets n'ont pu, dans la masse des transactions, empêcher l'emploi des coupons par de tierces personnes. La promesse et le don de présents de toute sorte aux gens qui ont de l'influence pour faire obtenir des places ou un genre de travail agréable se pratiquent jusque dans le cercle des plus hauts fonctionnaires. Dans toutes nos conférences avec le contrôleur en chef, on nous donne l'éveil dans l'intérêt du contrôle, sur de nouvelles pratiques de ce genre.

Jusqu'à présent, je m'étais bercé de l'espoir que les choses s'amélioreraient quand la phase de transition serait passée. Mais, je ne puis me le dissimuler, le mal empire à vue d'œil. Un de mes collègues voulait aujourd'hui l'expliquer de la manière suivante : depuis que les gens ne peuvent plus, par des efforts méritoires et d'une manière légale, élever leurs conditions d'existence au-dessus du niveau uniforme imposé à tous, toutes leurs pensées et tous leurs efforts tendent à se procurer d'une manière illégale l'amélioration de leur sort que le travail ne leur donne pas.

XXI. — LA FUITE

Nous avons vécu des jours terribles. Dimanche, de grand matin, Franz arriva de Leipzig, se rendant à Stettin où il prétendait être transféré. Aussi peu ma femme avait paru étonnée de son arrivée, autant elle se montra émue de son départ; elle sanglotait violemment, se suspendait à son cou, et ne voulait absolument pas se séparer de son fils. Franz prit aussi congé de moi comme s'il se fût agi d'un éternel adieu. Quant à Agnès, sa fiancée, je ne la vis pas; ils voulurent aller tous deux ensemble à la gare du chemin de fer de Stettin.

Mercredi, je lisais à ma femme, d'une voix indifférente, dans le *Vorwärts*, la nouvelle que des émigrants fugitifs avaient encore été fusillés sur la côte par des patrouilles de frontière. Ma femme épouvantée, s'écria : « Où donc? ». Lorsque je lui répondis : « Dans la rade de Sassnitz », elle tomba évanouie. Je réussis avec peine à lui faire peu à peu reprendre ses sens. Elle me raconta en paroles entrecoupées que Franz et Agnès étaient partis ensemble dimanche, non pour Stettin, mais pour Sassnitz et Rügen, afin de quitter l'Allemagne par ce côté. Le journal expliquait que les émigrés fugitifs avaient fait de la résistance lorsque le bateau-poste danois venant de Stettin avait été visité à son escale à Sassnitz par la garde de la frontière, et qu'il avait fallu employer la force pour les ramener à terre.

Nous passâmes des heures terribles, partagées entre la douleur et l'angoisse, jusqu'à ce qu'un nouveau numéro du *Vorwärts* publiât les noms des tués et des prisonniers. Franz et Agnès ne se trouvaient pas sur cette liste. Mais qu'étaient-ils devenus?

Ma femme m'avoua alors tout ce qui s'était passé. Avant même son départ de Berlin, à la dernière fête de sa mère, Franz avait communiqué à celle-ci sa ferme intention de quitter aussitôt que possible l'Allemagne où l'état des choses lui était insupportable. Il pria instamment sa mère de ne m'en rien dire, car il craignait de la résistance de ma part, à cause de mon respect pour la loi. Ma femme chercha en vain à le dissuader; il persista dans sa résolution, et le cœur de la mère ne put plus résister aux objurgations de son fils. Depuis longtemps, ma femme avait mis de côté un certain nombre de pièces d'or dont elle m'avait caché l'existence. Elle donna cette somme à Franz pour payer son passage sur un bâtiment étranger.

Agnès résistait encore. Elle était prête, s'il le fallait, à suivre Franz jusqu'au bout du monde, disait-elle, mais elle ne voyait pas la nécessité de se séparer de tous les autres êtres qu'elle aime ici. Mais bientôt sa propre situation devint de plus en plus pénible, chose que j'apprends seulement aujourd'hui. La jeune fille, tranquille et réservée, s'était organisée autrefois pour travailler dans la demeure de ses parents et allait porter son ouvrage à une grande maison de modes. Maintenant il lui fallait aller travailler dans un des grands établissements de couture de l'État et rester toute la journée dans une vaste salle commune avec des femmes dont une partie sont de mœurs très légères. Sa virginale pudeur s'indignait de maintes conversations et des manières qu'on avait à l'égard des directeurs masculins. Les plaintes et les réclamations ne faisaient qu'empirer les choses. Grâce à sa jolie figure, elle devint bientôt l'objet des poursuites assidues d'un des chefs de l'établissement. Celui-ci, repoussé avec raideur, chercha à se venger par des chicanes de toutes sortes sur son travail. La même chose eût bien pu arriver autrefois dans de pareilles circonstances; mais autrefois il était possible de s'en tirer en allant travailler ailleurs, tandis qu'aujourd'hui beaucoup de directeurs regardent presque les ouvrières comme des esclaves qui leur sont livrées sans défense. Les hauts fonctionnaires le savent, mais beaucoup d'entre eux ne font pas meilleur usage de leur pouvoir, et jugent par conséquent avec une grande indulgence les plaintes et les réclamations qui leur parviennent. Il ne reste donc guère aux parents ou au fiancé de la jeune fille menacée dans son honneur qu'à appliquer le principe de la légitime défense. Des sévices graves, le meurtre, l'assassinat, sont les conséquences d'un tel état de choses, comme nous l'apprenons journellement dans nos réunions de contrôleurs.

Agnès, qui est orpheline de père, n'a aucun défenseur à Berlin. Ses lettres de plaintes désespérèrent Franz à Leipzig et mûrirent en lui la résolution de ne point différer l'exécution de son projet de fuite. Agnès maintenant ne voulait plus de retard. Ma femme aida pendant les dernières nuits à confectionner les vêtements de voyage et à tout préparer. Ainsi était arrivé le dimanche décisif dont les événements nous tinrent si longtemps dans une affreuse incertitude. Enfin, au bout de près de huit jours, cette incertitude prit fin; nous reçûmes de nos enfants une lettre datée de la côte anglaise. Ils ne s'étaient pas trouvés sur le navire danois. Le pêcheur chez qui ils avaient cherché un asile à Sassnitz était un parent éloigné de ma femme. La population de ce littoral est généralement hostile au nouvel ordre de choses parce que celui-ci lui a enlevé le service lucratif et facile des baigneurs. La société socialiste ne permet les bains de mer qu'aux gens auxquels ils sont expressément ordonnés après examen d'une commission médicale.

Notre pêcheur eut la prudence de s'opposer à ce que le jeune couple se servît pour fuir d'un des bateaux-poste qui sont spécialement surveillés depuis quelque temps. Au moment où l'attention des gardes-côtes était précisément tournée vers le bateau-poste, il les conduisit dans son propre bateau de pêche jusqu'à la hauteur de Stubbenkammer et réussit à les déposer à bord d'un navire de transport anglais qui retournait de Stettin en Angleterre. Les

Anglais, dont le commerce souffre beaucoup de la nouvelle organisation de l'Allemagne, sont toujours disposés à faire un pied de nez au gouvernement socialiste en accueillant les émigrants fugitifs. Agnès et Franz sont donc arrivés heureusement en Angleterre après une courte traversée, et aujourd'hui ils sont déjà en route pour New-York. Pauvres enfants ! Comme ils ont souffert ! Et ma pauvre femme, qui a renfermé si longtemps dans son cœur toutes ses inquiétudes et toutes ses pensées ! Que puis-je faire encore dans ma vie pour lui payer en amour cette abnégation maternelle ?

XXII. — NOUVEAU CHANGEMENT DE CHANCELIER

Le mécontentement a atteint son apogée dans les campagnes à la nouvelle des concerts donnés sur les places publiques de Berlin et des représentations théâtrales gratuites. Dans toutes les petites localités, on invoque l'égalité sociale et l'obligation de rémunérer également tous ceux qui font un travail égal, pour réclamer qu'on établisse partout les mêmes divertissements aux frais de la communauté. Avec cela, les habitants des villages doivent déjà se passer de l'éclairage au gaz, des lampes électriques et du chauffage par l'air.

Le *Vorwärts* a cherché à calmer les esprits par de charmantes peintures des avantages de la vie rurale, par des considérations idylliques sur les jouissances de la nature et les charmes de l'air pur. Mais on a pris cela pour de l'ironie. Où sont donc les jouissances de la nature quand il pleut et par les longues soirées d'hiver ? Où est l'air pur dans les étroites demeures et les étables des paysans ? Les communications envoyées au journal étaient pleines de récriminations de ce genre. — « Il n'en était pas autrement jadis, répondait-il. » — Certainement, a-t-on répliqué, mais jadis tous ceux à qui la campagne ne plaisait plus pouvaient se transporter à la ville, tandis que maintenant le paysan est lié à la glèbe jusqu'à ce qu'il convienne à l'autorité de le déplacer ; on devrait donc avoir à la campagne tout ce qu'on a dans les villes, en vertu du principe : Droits égaux pour tous.

Le chancelier n'a pas su se tirer d'affaire. Il est vraiment un peu plus difficile de gouverner que de cirer des bottes et de brosser des vêtements. L'organisation des plaisirs populaires était la seule chose qu'il eût réussie. Mais avec la meilleure volonté du monde, il ne pouvait pas faire ériger à chaque carrefour une salle de concert, un cirque et un théâtre de genre. Il eut l'idée d'envoyer tous les dimanches quelques centaines de mille Berlinois jouir de la nature à la campagne, et de faire venir un nombre égal de campagnards aux théâtres de Berlin. Malheureusement, le temps s'est trouvé trop inégal pour cette égalité sociale. Quand il pleuvait, les Berlinois, malgré leur amour bien connu pour la Mère nature, ne voulaient pas se prêter à ses humides plaisirs, tandis que les ruraux prenaient très volontiers la place des Berlinois dans les divertissements populaires.

Donc, le chancelier ayant indisposé également les Berlinois et les ruraux, a dû quitter sa place, de peur que le mécontentement excité contre lui n'exerçât une influence défavorable sur les élections au Reichstag. Il a fallu suspendre tous les divertissements gratuits; on est très mécontent à Berlin de cette suspension. Comme autrefois, on n'a plus accès aux théâtres que contre payement, en échange d'un coupon détaché du certificat d'argent.

Le secrétaire du Trésor a été choisi pour succéder au chancelier. Il passe pour un homme décidé, et pour un bon calculateur. Ce dernier point est d'autant plus important qu'on se dit à l'oreille toutes sortes de choses sur le manque d'équilibre entre les dépenses et les recettes dans notre société socialisée.

XXIII. — COMPLICATIONS EXTÉRIEURES

On équipe de nouveau à la hâte et on remet en état de service toute la flotte de guerre, léguée par l'ancien gouvernement. L'armée active, qui, pour le maintien de l'ordre intérieur et la surveillance des frontières, a été finalement portée à 800.000 hommes, subit aussi une augmentation sous l'influence du nouveau chancelier, en vue des dangers extérieurs qui nous menacent.

Dans un discours prononcé devant le Comité législatif par le ministre des affaires étrangères pour justifier ces mesures, l'orateur a indiqué que malheureusement les froissements, les complications, les difficultés toujours croissantes avec les puissances étrangères, forcent à prendre de telles précautions.

Ce n'est pas la faute du ministère des affaires étrangères. Dans l'État socialiste, ce ministère sert d'intermédiaire dans tous les échanges de marchandises avec l'étranger. C'est à lui, par conséquent, de négocier, au moyen de notes diplomatiques, sur toutes les plaintes que soulève la qualité défectueuse ou la livraison inexacte des marchandises exportées. Les différends suscités par des relations d'affaires détournées ou interrompues, ou par une concurrence irritante, différends inévitables autrefois dans le domaine du commerce privé, se produisent aujourd'hui d'État à État. C'est dans la nature des nouvelles institutions.

Mais, dit avec raison le ministre des affaires étrangères, la conscience de la démocratie sociale internationale, le sentiment de la fraternité de tous les peuples, devraient produire ici des résultats tout autres que les difficultés dont nous sommes malheureusement assaillis; il devrait en résulter la concorde, la conciliation, la paix. A la vérité, on ne peut s'étonner du déplorable esprit des Anglais, ces messieurs de Manchester, qui, avec leurs cousins, les Américains, ne veulent pas entendre parler de la démocratie sociale. Ils ne peuvent oublier que le continent socialiste européen, en annulant tous les titres sur l'État, toutes les actions, etc., s'est aussi libéré de toute dette envers les Anglais qui possédaient des valeurs continentales. Mais ces hommes d'argent endurcis devraient eux-mêmes comprendre que l'Allemagne, par cette annulation, a perdu beaucoup plus de milliards qu'elle n'en a gagné, car tous les titres russes, austro-hongrois, italiens, etc., qui se trouvaient entre les mains d'Allemands, ont été déclarés nuls et sans valeur par les gouvernements socialistes de ces pays.

Malheureusement, ces gouvernements ne nous savent point gré d'avoir, dans un sentiment élevé du caractère international de la démocratie sociale, accepté sans murmures qu'on ne nous payât plus les intérêts de nos titres étrangers. Dans leur égoïsme inconsidéré, ils vont jusqu'à ne vouloir nous céder qu'au comptant ou contre la remise immédiate d'autres marchandises, ceux de leurs articles dont l'Allemagne a besoin et dont nous leur payions autrefois une partie avec nos coupons d'intérêts. Le payement au comptant n'a pas gêné notre gouvernement aussi longtemps qu'il a pu donner, pour balancer les comptes, l'or et l'argent monnayés et non-monnayés qui nous sont devenus inutiles. Mais après nous être dessaisis de cette manière de tout notre métal précieux, nous nous heurtons, avec les États socialistes voisins à autant de difficultés qu'avec messieurs les Anglais et les Américains, pour leur envoyer comme de coutume nos objets manufacturés et recevoir d'eux en échange ce dont nous avons besoin en blé, bois, lin, chanvre, maïs, coton, laine, pétrole, café, etc. Dans la société socialisée, le besoin de ces articles n'a pas diminué; au contraire! Mais les États voisins nous disent que depuis leur socialisation, ils n'ont plus besoin des produits manufacturés allemands tels que modes et confections, broderies, peluches, châles, gants, pianos, cristallerie fine et autres choses de ce genre. Depuis l'établissement de l'égalité sociale, leur propre production est plus que suffisante pour ces articles.

Messieurs les Anglais et les Américains, de leur côté, dans leur hostilité à l'égard de la démocratie sociale, ne se lassent pas de nous assurer que les objets manufacturés allemands, en particulier les produits métallurgiques et textiles, jusqu'aux bas et aux jouets, sont maintenant fabriqués avec tant d'imperfection et de négligence qu'ils ne veulent plus en donner le même prix qu'autrefois et qu'ils songent à se fournir ailleurs. Avec cela, notre gouvernement fait déjà à peine ses frais, à cause de l'augmentation du coût de la production. Tout essai d'entente internationale pour l'adoption d'une durée maximum de la journée de travail, a échoué, parce que les gouvernements socialistes, dans leur égoïsme national, prétendent que, dans cette question, on doit tenir compte avant tout des conditions particulières de chaque pays pour le climat, le caractère des habitants, etc.

Que doit faire notre gouvernement? Si, depuis la socialisation de l'Allemagne, nous n'avons plus besoin de la soie et du vin de l'étranger, cette économie ne peut pas compenser les milliards perdus sur notre exportation. Il n'est donc pas étonnant que les notes diplomatiques prennent chaque jour un caractère plus acerbe. Déjà, à l'ouest et à l'est, on a insinué que l'Allemagne, si elle ne pouvait plus nourrir sa population, devrait céder des parties de son territoire aux États voisins. On a même discuté la question de savoir s'il ne serait pas bon de les saisir d'avance comme gages, pour garantir les dettes accumulées qu'elle a contractées envers ses voisins.

En outre, les étrangers, lésés par l'annulation des titres de valeurs allemandes, cherchent à se dédommager en confisquant les marchandises et les vaisseaux de l'Allemagne partout où ils peuvent le faire. Les secours prêtés aux émigrés allemands dans leur fuite par les bâtiments étrangers donnent perpétuellement lieu à de vifs débats.

Bref, l'espoir que l'établissement de la démocratie sociale serait synonyme de paix éternelle entre les peuples menace de se changer en la crainte du contraire. Le Comité législatif, conclut le ministre, ne peut se dissimuler la nécessité de remettre sur pied la flotte de guerre et de porter en même temps l'effectif de l'armée active à un million d'hommes.

XXIV. — AGITATION ÉLECTORALE

Les élections au Reichstag se feront enfin dimanche prochain : on a choisi pour cela un jour de chômage, comme il convient. Dans la société socialisée, l'issue des élections a cent fois plus d'importance qu'autrefois. Aujourd'hui, c'est de l'organisation du gouvernement que tout dépend : somme de travail des individus, manger, boire, logement, costume, etc.

On le voit bien aux programmes et aux manifestes électoraux. Une quantité de groupes politiques se présentent avec des réclamations de tout genre. Un grand nombre demandent des modifications aux règlements culinaires, l'augmentation de la portion de viande, une meilleure bière, du café plus fort (actuellement, à cause des complications extérieures, on ne donne plus guère que du café de chicorée), des logements plus vastes, un chauffage plus généreux, un éclairage plus brillant, des vêtements moins chers, du linge mieux blanchi, etc.

Beaucoup de femmes sont très mécontentes de ce que leur demande d'élire la moitié des députés dans un collège électoral à part ait été repoussée comme réactionnaire et tendant à la constitution d'une caste. Les femmes craignent que, si elles votent avec les hommes dans des circonscriptions électorales communes, beaucoup d'entre elles ne donnent leurs suffrages à des candidats masculins, et comme il est douteux que les hommes soutiennent des candidatures féminines, il ne passerait pas beaucoup de députés de leur sexe.

D'autre part un grand nombre de femmes, sans égard à leur âge, font cause commune avec le parti des « Jeunes » qui, pour s'assurer leur concours, inscrit formellement dans son programme le droit au mariage. En outre, les « Jeunes qui invoquent le livre de Bebel sur la femme et se donnent comme les purs Bebeliens, demandent une journée de travail de quatre heures au maximum, un changement hebdomadaire dans le genre de travail, un roulement mensuel pour toutes les fonctions élevées jusqu'à celle de chancelier inclusivement, puis un mois de vacances l'été, avec voyage aux eaux, et le rétablissement des divertissements gratuits.

Le parti du gouvernement proprement dit se présente avec beaucoup d'assurance, quoique son programme ne sorte pas des généralités. Il somme tous les partis précédents de se réunir en bons patriotes pour former le grand parti de l'ordre à l'encontre d'une faction de négation et de bouleversement qui rampe dans les ténèbres et cherche à s'insinuer sous le nom séduisant de parti de la liberté. Ce parti de la liberté demande notamment le rétablissement du droit des parents à élever leurs enfants, la suppression des cuisines nationales, le libre choix des professions et le droit d'en changer, ainsi qu'un salaire supérieur pour les travaux les plus difficiles. Chacun doit comprendre que de telles exigences lèsent l'égalité sociale et seraient propres, par conséquent, à miner les bases de l'État socialisé. La réalisation de ces vœux, dit le parti gouvernemental, conduirait infailliblement au rétablissement de la propriété privée et de l'héritage, au règne du capital et au système de l'exploitation, tels qu'ils existaient dans l'ancienne société.

L'agitation électorale, qui est modérée, ne répond pas à la multiplicité des programmes et des manifestes électoraux ; elle était beaucoup plus vive autrefois. Il est vrai que, conformément à la décision du congrès d'Erfurt (octobre 1891), toutes les lois qui limitent la liberté d'exprimer une opinion et le droit de réunion sont abrogées. Mais à quoi sert la liberté de la presse quand le gouvernement est en possession de toutes les imprimeries ? A quoi sert la liberté de réunion quand toutes les salles de réunion appartiennent au gouvernement ? Tous les partis peuvent bien se servir, pour leurs assemblées électorales, des locaux publics, dans le cas où l'on n'en a pas disposé pour autre chose ; mais il est à remarquer que généralement il n'y a pas de locaux libres pour les partis d'opposition. Les journaux du gouvernement sont bien forcés d'accepter, au sujet des élections, des insertions de tout genre ; mais comme, avec le système des certificats, les comités électoraux ne peuvent pas ramasser de l'argent, il n'y a aucune espèce de fonds pour payer ces insertions et pour subvenir aux autres frais électoraux. A ce point de vue, dans l'ancienne société, le parti démocratico-socialiste était incontestablement beaucoup mieux partagé. Il disposait d'une caisse électorale considérable et savait s'en servir habilement.

Les partis d'opposition se plaignent en particulier de ce qu'on ne trouve que très peu de gens pour oser se mettre ouvertement en contradiction avec le gouvernement, soit comme candidats au Reichstag, soit simplement comme orateurs dans les réunions électorales. En effet, chacun peut être transféré par le gouvernement, sans autre forme de procès, soit dans une autre profession, soit dans une autre localité. Avec notre organisation, il résulte de ces déplacements des changements dans les conditions d'existence, qui peuvent être très sensibles aux vieillards et aux personnes d'un âge mûr. Il est vrai qu'il est permis de réclamer contre un déplacement arbitraire. Mais qui peut fournir la preuve que le déplacement n'était pas nécessaire et justifié par des changements dans les conditions du travail réclamant une autre répartition des travailleurs?

Comme nous l'apprenons de jour en jour dans nos conférences de contrôleurs, une dangereuse effervescence agite de plus en plus les esprits à la ville et à la campagne. On a l'impression qu'il ne faudrait qu'un léger choc extérieur pour faire éclater un soulèvement redoutable dans le sens du rétablissement de l'ancien régime. On entend dire qu'à la campagne, çà et là, de violents conflits ont eu lieu entre la population et les troupes chargées d'établir l'organisation socialiste. Le gouvernement n'est même pas sûr de tous ses soldats. C'est pourquoi on n'a pas encore rétabli de garnison à Berlin, malgré la grande augmentation de l'armée. Au contraire, la police, qui est complétée autant que possible, par des démocrates socialistes choisis dans tout le pays, a été portée à 30.000 hommes. Indépendamment de la garde à cheval, on a mis dans cette milice de l'artillerie et du génie.

Les élections au Reichstag se font au moyen de bulletins de vote estampillés par le gouvernement et déposés sous enveloppe fermée. Mais avec une organisation qui fait intervenir le gouvernement dans toutes les circonstances de la vie, avec la publicité de l'existence, avec le système de contrôle auquel chaque individu est soumis, beaucoup de gens paraissent ne pas se fier assez au secret du vote pour voter selon leurs convictions. Il en était de même autrefois, en mainte occasion, pour les fonctionnaires; or, aujourd'hui tout le monde est fonctionnaire de la communauté.

Le résultat des élections est donc tout à fait incertain. Si la volonté du peuple s'exprime réellement, nous aurons un Reichstag dans le sens de la restauration de l'ancien régime. Si, au contraire, la crainte l'emporte, le Reichstag sera un instrument aveugle entre les mains du gouvernement. Moi-même, je ne sais pas encore comment je voterai. Je crains qu'on ne me surveille plus étroitement qu'un autre, à cause de la fuite de mon fils. Peut-être remettrai-je un bulletin blanc.

XXV. — TRISTE NOUVELLE

Annie, notre bonne et tendre petite fille, est morte! Peut-on concevoir que ce petit être qui sautait autour de nous avec tant de gaîté et d'entrain, se trouve tout à coup raide et sans vie; que cette bouche qui babillait si gentiment reste muette, et que ces yeux soient fermés, qui rayonnaient d'un si pur éclat lorsque l'arbre de Noël étincelait sur notre table ronde ou lorsque, sur la commode, une petite lumière éclairait son gâteau de fête!

Justement c'était aujourd'hui son anniversaire de naissance. Ma pauvre femme était allée le matin à l'établissement pour tâcher de voir son enfant au moins un moment. Le cœur joyeux et le sourire sur les lèvres, elle demande Annie. Après un silence (elle dut répéter son nom et son adresse), elle reçoit en plein cœur les froides paroles qui lui apprennent que son enfant est morte le matin à l'aube et qu'on vient d'en envoyer la nouvelle aux parents.

Ma femme tombe raide sur une chaise, puis l'amour maternel lui donne une force surhumaine. Elle ne peut croire qu'Annie, son enfant, soit morte: c'est, ce doit être une erreur. Elle se précipite derrière la surveillante dans la chambre funéraire. La pauvre petite créature est couchée dans sa longue chemise de nuit rouge. Tous les appels, les baisers, les gémissements de sa mère ne peuvent la réveiller.

Comment cette perfide maladie a-t-elle amené une catastrophe aussi soudaine? Personne ne peut le dire. L'enfant a d'abord pris froid, probablement pendant la nuit. Déjà, chez nous, elle se découvrait toujours la nuit, mais à l'établissement l'œil d'une mère ne veille pas attentivement auprès de chaque petit lit, au milieu de ces centaines d'enfants. La ventilation réglementaire introduit constamment un courant d'air frais dans le dortoir. Peut-être aussi l'enfant n'a-t-elle pas été séchée assez vite et assez soigneusement après son bain; dans de si grands établissements, bien des choses doivent se faire sommairement. Peut-être aussi le changement dans sa nourriture l'a-t-il rendue plus faible et plus sensible par conséquent, qu'elle n'était chez nous. Mais à quoi bon chercher et se creuser la tête maintenant? cela ne peut rendre notre chère Annie à la vie.

Comment ma chère femme supportera-t-elle une pareille douleur? Elle était si ébranlée et si brisée qu'il a fallu la conduire en voiture directement de l'établissement à l'hôpital. Moi-même je n'arrivai que plus tard.

Annie était notre dernière née, l'enfant de notre âge mûr, l'unique fille venue après les garçons. Que n'avons-nous pas espéré et rêvé pour elle quand elle serait grande?

Ernest, mon brave garçon, n'apprendra cette mort de moi que demain. Grand-père ne doit pas la connaître. Il n'avait pas revu Annie depuis l'anniversaire de naissance de ma femme. Il ne pourra plus désormais lui raconter des histoires comme il le faisait si souvent, lorsqu'elle s'asseyait sur ses genoux et redemandait indéfiniment à entendre parler du petit Chaperon rouge et du loup. Franz et Agnès, en Amérique, ne se doutent naturellement pas de ce malheur. Ils ne recevront ma lettre que dans dix jours! Franz aimait tendrement sa petite sœur; il lui apportait presque toujours quelque chose en revenant du travail. La petite rusée le savait et se précipitait à sa rencontre dans l'escalier dès qu'elle le voyait ou l'entendait venir. Tout cela est fini, comme tant de choses depuis quelques mois!

XXVI. — LE RÉSULTAT DES ÉLECTIONS

Devant une pareille douleur, toute politique paraît indifférente et insipide. Quand le présent fait tant souffrir, on ne s'inquiète plus de l'avenir.

Franz a eu raison dans son appréciation du résultat des élections. Sa dernière lettre me disait que dans une société où il n'y a plus pour l'individu aucune liberté personnelle ni économique, la forme de gouvernement, même la plus libérale, ne peut donner aucune indépendance politique. Celui qui, dans toutes les circonstances de sa vie privée, est aussi dépendant du gouvernement que nous le sommes tous maintenant, ne peut avoir que dans des cas très rares, même avec le scrutin secret, le courage de voter dans un sens désagréable à l'autorité. Dans notre organisation socialiste, le droit d'élection ne peut pas avoir plus d'importance pratique pour nous que pour les soldats dans la caserne ou les prisonniers dans la prison.

Il avait raison ; le parti du gouvernement, sans efforts particuliers, sans autre moyen d'intimidation que le déplacement des chefs du parti de la liberté et du parti des « Jeunes », pratiqué évidemment pour des motifs politiques dans le but de faire des exemples, et malgré le mécontentement qui règne, a obtenu plus des deux tiers des voix.

Moi-même, sous le coup du malheur qui a frappé ma famille, j'ai voté pour le parti du gouvernement, contrairement à mon intention première. Car, que deviendrions-nous, ma femme et moi, dans nos dispositions actuelles, si nous devions encore être séparés par mon envoi dans quelque localité lointaine ?

Il est singulier que ce soit précisément à la campagne, où règne le plus de mécontentement, que la plupart des voix aient été données au gouvernement. Il faut dire qu'à la campagne, où chaque individu peut être encore mieux surveillé qu'au milieu de la population compacte d'une grande ville, on ose moins manifester des idées d'opposition dans une circonstance de ce genre. En outre, c'est précisément dans les districts les plus agités que les dernières mesures militaires ont effrayé le plus.

A Berlin même, le parti du gouvernement a eu la minorité, de sorte que, comme Berlin, dans le système des élections proportionnelles, ne forme qu'une seule circonscription électorale, la majorité de ses députés appartient au parti de la liberté.

Les « Jeunes » n'ont pas réussi et, malgré l'appui du parti des femmes en faveur du droit universel au mariage, ils n'ont fait passer qu'un seul candidat. L'opinion du peuple ne tend évidemment pas à pousser plus loin le développement de l'État démocratico-socialiste. Même l'unique député du parti des « Jeunes » n'a été élu que parce que le parti de la liberté a cru devoir l'appuyer à cause de l'énergie de son opposition personnelle au gouvernement.

Le parti de la liberté ou des amis de la liberté, si l'on calcule pour l'ensemble du pays, a obtenu près d'un tiers des voix, quoique le gouvernement ait cherché par tous les moyens à le faire passer pour la faction de la révolution et du bouleversement social. Il doit surtout ce succès relatif à l'appui des électeurs féminins qui, en général, ont pris aux élections une part beaucoup plus active que ces messieurs du sexe fort, et qui ne cachaient pas leur mauvaises dispositions à l'égard de notre organisation, surtout des limitations apportées à l'économie domestique et à la vie privée. Depuis que le délai pour dénoncer la rupture des mariages a été réduit à un jour, on a vu une foule de femmes abandonnées s'occuper avec la plus grande activité à distribuer des bulletins de vote et à pousser aux urnes les électeurs paresseux.

Il n'y a eu qu'une seule dame élue au Reichstag: c'est la femme du nouveau chancelier. Cette dame ne se range pas dans le parti du gouvernement, mais elle s'est présentée comme indépendante. Elle a assuré dans ses discours électoraux qu'elle avait toujours eu l'habitude dans son ménage, de dire franchement sa manière de penser à son époux actuel, ainsi qu'aux précédents, et qu'elle ferait de même au Reichstag quand, dans son opinion, l'intérêt du peuple l'exigerait. Le parti du gouvernement n'a pas cru devoir combattre la candidature de la femme du chancelier, partie par courtoisie, partie pour donner une démonstration par les faits de l'égalité accordée aux femmes dans les élections.

XXVII. — UN GROS DÉFICIT

Nous avons tous les mois un excédent d'un milliard de marks des dépenses sur les recettes, de la consommation sur la production, dans l'économie nationale. C'est avec cette effrayante déclaration que le chancelier a ouvert le nouveau Reichstag. Encore est-il étonnant qu'on ait réussi à tenir ce fait caché jusqu'aux élections. Mais il est grand temps maintenant de s'expliquer et de remédier au mal.

A vrai dire, depuis longtemps déjà, on pouvait remarquer

que, d'un bout à l'autre de la société, les choses ne marchaient pas bien. Quand on voulait acheter une marchandise avec son certificat, l'employé vous répondait trop souvent que la provision venait d'être épuisée et ne pourrait se renouveler de quelque temps. En réalité, la marchandise manquait, comme on le voit maintenant, non pas à cause d'une trop forte demande, mais à cause d'une trop faible production. Il était devenu difficile de se procurer même les vêtements les plus nécessaires au moyen des économies du certificat d'argent. Pour les autres objets, il fallait se contenter d'affreux rebuts si l'on voulait absolument quelque chose. Enfin le prix des articles tirés de l'étranger, comme le café, le pétrole, le riz, n'était presque plus abordable.

Cependant le peuple ne mène pas une vie de folles dissipations. Pour le repas principal, la ration de viande est bien restée, comme auparavant, de 150 grammes, mais elle a changé en ce sens qu'on fait compter pour le poids total des déchets de toute espèce. On a aussi beaucoup simplifié la liste des légumes et on l'a bornée aux pois, aux haricots, aux fèves et aux pommes de terre. Pour l'anniversaire de Bebel, on attendait une ration de viande plus considérable et un verre de vin gratuit, qui ne sont pas venus. Même à l'égard des assaisonnements, on paraît devenir de plus en plus avare. On entend beaucoup se plaindre de l'insipidité et de la fadeur des mets, qui provoquent un dégoût insurmontable, même pour un fort appétit. Au moment des repas, il est de plus en plus question de vomissements et de dérangements d'entrailles.

Quoique, d'après les indices connus, on puisse s'attendre, en dépit de l'émigration, à un rapide accroissement de la population, par suite de l'engagement pris par l'État d'élever tous les enfants, on ne bâtit plus de maisons d'habitation à Berlin. Souvent même, les réparations les plus nécessaires sont ajournées. On n'entend plus parler d'amélioration, de renouvellement des machines ou du matériel, d'augmentation des établissements industriels ou des moyens de transport.

Les provisions pour la consommation publique paraissent être réduites au minimum. Il n'y a plus de stock important que pour les articles qui sont peu ou point demandés, ou qui étaient autrefois exportés et qui ne trouvent plus d'écoulement à l'étranger, en particulier dans les États socialistes. Tels sont les articles de modes, les broderies, les gants, le vin, les soieries, les pianos, les peluches, etc. On donne maintenant toutes ces marchandises en Allemagne à des prix inférieurs au coût de production, uniquement pour s'en débarrasser.

Avec cela, il semble que précisément dans ces derniers temps, le déficit a plutôt augmenté que diminué. Les provisions de matières premières, ou auxiliaires, commencent même à ne plus suffire pour assurer la marche régulière de la production. L'étranger ne vend plus de marchandises à crédit à l'Allemagne et ne livre rien que contre une valeur équivalente : donnant donnant.

On ne peut cependant pas dire que le gouvernement ait réglé la consommation à la légère. Ainsi que l'a expliqué son message, à l'ouverture du Reichstag, le gouvernement avait calculé que la valeur totale de la production, tant en richesses matérielles qu'en prestations de services, y compris la production collective déjà existante, s'élevait, immédiatement avant la Révolution, à environ 17 ou 18 milliards de marks par an. Le gouvernement n'avait pas compté sur une augmentation de cette production comme résultat de la nouvelle organisation ; il avait seulement supposé qu'elle resterait aussi considérable avec l'établissement d'une durée maximum de huit heures pour la journée de travail. C'est sur ces bases qu'il a évalué l'importance des consommations qu'il pouvait accorder au peuple. Même dans ces conditions, et malgré toutes les restrictions de la liberté personnelle et économique, la majorité de la population s'est trouvée jusqu'ici plus mal partagée qu'avant la grande Révolution.

Mais voici qu'on s'aperçoit que, dans l'État socialisé, la production s'est réduite au tiers de ce qu'elle était autrefois, c'est-à-dire qu'elle est descendue de 18 à 6 milliards par an, de un milliard et demi à un demi-milliard par mois. Nous perdons un milliard chaque mois. Cela fait en quatre mois une perte aussi grande que celle que la France a subie quand elle a payé une contribution de guerre à l'Allemagne après la grande guerre de 1870.

Qu'adviendra-t-il de cela, et comment est-il possible de s'en tirer? On attend dans une angoisse extrême la prochaine séance du Reichstag, où le chancelier expliquera les causes du déficit.

XXVIII. — NOUVELLES DE LA FAMILLE

Je suis toujours seul dans ma demeure, ce qui ne m'était pas arrivé depuis mon temps de compagnonnage.

Ma pauvre femme est toujours à l'hôpital. Le médecin m'a prié de réduire mes visites au strict nécessaire, afin de lui épargner autant que possible toute agitation. Car, lorsqu'elle me voit, elle se jette passionnément à mon cou, comme si je venais de lui être rendu après avoir couru les plus grands dangers. Nous avons ensuite les scènes les plus émouvantes avant qu'elle puisse se séparer de moi et me laisser retourner à la maison. A la suite de nos conversations, plus elle pense à moi et aux autres membres de la famille, et plus elle s'inquiète, se tourmente à notre sujet. Elle s'imagine que nous sommes exposés à toutes sortes de persécutions et de dangers; elle craint de ne jamais nous revoir. L'ébranlement produit dans son esprit par la mort de notre fille et les incidents de la fuite de Franz et d'Agnès, n'est pas encore dissipé.

J'ai voulu consulter là-dessus notre ancien médecin, qui connaît parfaitement son tempérament et qui la soigne depuis notre mariage. Il revenait de voir un jeune suicidé qu'il s'était vainement efforcé de ramener à la vie. Il était désolé, me dit-il, mais les huit heures de durée maximum de sa journée de travail étaient écoulées. Il ne pouvait donc plus jusqu'au lendemain nous donner aucun conseil médical malgré la meilleure volonté du monde, et en dépit de son amitié pour nous. Déjà deux fois un jeune collègue, qui ne pouvait remettre au bureau de la comptabilité nationale assez de coupons pour témoigner qu'il avait exercé la médecine pendant une durée de temps correspondante à la journée de travail, l'a dénoncé comme ayant dépassé cette durée, et, en conséquence, il a été sévèrement puni pour surproduction.

Le vieux médecin, à l'occasion de la visite qu'il venait de faire, se mit à causer avec moi de la multiplication effrayante des suicides dans la société socialisée. Je lui demandai si un amour malheureux était la cause de celui-ci. Il déclara que non, bien que de tels accidents arrivent encore comme autrefois; car l'État ne peut pourtant empêcher personne de refuser des offres de mariage. Mais le vieillard, qui a été autrefois médecin militaire, cherchait à expliquer autrement l'augmentation des suicides. Il disait que, dans l'armée, les suicides provenaient en grande partie de ce que beaucoup de jeunes gens, bien qu'il ne leur manquât rien en fait de nourriture, de vêtements, de logement, ne pouvaient pas s'habituer à la discipline, qui leur imposait une contrainte inaccoutumée. Et pourtant, ils avaient la perspective d'être libérés au bout de deux ou trois ans et de retrouver la liberté de leurs faits et gestes. On ne doit donc pas s'étonner, pense-t-il, si maintenant les restrictions apportées à la liberté personnelle pendant toute la durée de la vie par la nouvelle organisation de la production et de la consommation, jointes à l'égalité sociale, diminuent pour beaucoup de gens, et non des pires, l'attrait de la vie à un degré tel qu'ils finissent par considérer le suicide comme le seul moyen d'échapper à cette contrainte d'une existence aride, uniforme, qu'aucun effort de la volonté ne peut améliorer. Le vieux médecin n'a peut-être pas tout à fait tort.

De bonnes nouvelles de Franz et d'Agnès m'arrivent d'Amérique. C'est le seul point lumineux de mon existence. Ils ont déjà quitté la pension de New-York où ils s'étaient installés immédiatement après leur mariage, et ils ont pu se créer un intérieur à eux, quoique bien modeste. Franz, grâce à sa capacité et à ses qualités solides, est devenu prote dans une imprimerie assez importante. Agnès travaille pour un magasin de modes dont les affaires sont devenues extrêmement prospères en Amérique depuis que la concurrence allemande a cessé de s'exercer. Avec de l'économie, ils parviennent à créer pièce à pièce leur nouveau ménage. Franz s'est beaucoup affligé de la perte de sa petite sœur et me presse de lui envoyer Ernest. Il veut se charger de lui sous tous les rapports.

Ernest, dans sa maison d'éducation, me fait pitié jusqu'au fond de l'âme. On n'entend dire en général que du mal de ces établissements, surtout de ceux où se trouvent les garçons les plus âgés, de dix-huit à vingt et un ans. Ils savent que lorsqu'ils auront atteint leur vingt et unième année, tous indifféremment, quoi qu'ils aient appris et quel que soit leur degré d'instruction, trouveront à la mangeoire nationale la ration uniforme préparée pour tout le monde, et qu'ils ne pourront, dans aucun cas, s'élever à mieux. Ils savent en outre que, lors même qu'ils se seraient préparés avec goût et amour à une profession, ils n'ont pas la moindre garantie de l'avoir en partage, ni même une profession analogue. Ils emploient donc presque sans exception le temps accordé à leur éducation aux dissipations les plus variées; si bien que dernièrement on a pris des mesures de discipline qui ne pourraient pas être plus sévères dans des maisons de correction.

Malgré cela, je n'ose pas suggérer à Ernest l'idée d'une fuite. Même si je connaissais un moyen d'expédier l'enfant par un vaisseau étranger et si Franz pouvait garantir d'une façon quelconque les frais de traversée, je n'oserais pas, sans l'assentiment de ma femme, faire une démarche d'une importance si décisive pour la destinée de notre fils mineur. Or, une pareille communication, dans l'état de santé de ma femme, pourrait lui donner la mort.

XXIX. — UNE SÉANCE ORAGEUSE AU REICHSTAG

Depuis les débats sur l'affaire de la caisse d'épargne, je n'étais pas retourné au palais du Reichstag, sur la place Bebel. Dans ce temps-là, les élections générales n'avaient pas encore eu lieu; les démocrates socialistes d'avant la grande révolution étaient donc seuls entre eux, car on avait déclaré tous les autres mandats nuls et non avenus, comme résultant de la domination du capital. Aujourd'hui, les adversaires de la démocratie sociale qui viennent d'être élus, remplissaient le côté gauche de la salle, c'est-à-dire environ un tiers du Reichstag.

L'unique dame élue aux dernières élections, la femme du chancelier, avait pris place au milieu du premier rang. Cette dame, une personne imposante, à l'air décidé, mais parée avec une certaine coquetterie, suivait le discours de son mari avec une vive attention, tantôt donnant des signes d'approbation, tantôt secouant les boucles de sa chevelure ornée de nœuds rouges.

Sous l'impression qu'a produite l'annonce de notre énorme déficit, le parti du gouvernement était manifestement abattu, tandis que l'opposition antisocialiste, le parti de la liberté, montrait beaucoup d'entrain. Les tribunes étaient bondées au point qu'une pomme n'eût pu tomber à terre, et surtout garnies de femmes. Une agitation visible régnait dans l'auditoire.

L'ordre du jour portait : « Aperçu de la situation économique. » Dans la discussion qui s'engagea sur les causes du déficit, et que je m'efforce de reproduire ici en abrégé, le chancelier prit d'abord la parole.

Le Chancelier. — Le fait d'une diminution des deux tiers dans la valeur de la production en Allemagne, comparée à ce qu'elle était avant la grande transformation de la société, ne doit nous faire ni rire ni pleurer, mais il faut s'efforcer de le comprendre. En premier lieu, la faute en est aux ennemis de notre société socialisée (le député de Hagen, à gauche : *Par exemple !*) Oui, monsieur le député, pour maintenir l'ordre à l'intérieur, nous avons dû rendre la police dix fois plus forte ; pour aider la police à empêcher l'émigration et garantir nos frontières contre l'étranger, nous avons dû doubler l'armée active et la flotte. Ensuite, l'annulation de nos créances sur les États socialistes voisins a fait cesser le payement des intérêts du capital allemand qui y était placé, et amené une diminution de notre revenu. Notre exportation à l'étranger a été extraordinairement réduite par la transformation de la société dans les États socialisés, et par l'aversion des États restés bourgeois pour le genre de production de la démocratie sociale. L'avenir ne changera pas grand'chose à ces causes de déficit.

En second lieu, je regarde comme une cause de l'affaiblissement de la production, l'exemption des jeunes gens et des vieillards de l'obligation au travail *(Ecoutez ! écoutez ! à gauche)*, et la réduction de la durée du travail. L'interdiction de tout travail à la tâche a contribué aussi certainement à diminuer la production. Malheureusement, grâce aux effets démoralisateurs de l'ancien régime *(Oh ! oh ! à gauche)*, la conscience du devoir de travailler, fondement indispensable de la société socialisée, n'est pas encore assez répandue pour que nous croyions pouvoir nous dispenser de porter à 12 heures la durée maximum de la journée de travail, ainsi que nous allons vous le proposer. *(Sensation.)* En outre, jusqu'à ce que l'équilibre soit rétabli, nous devrons rendre le travail obligatoire, non seulement de vingt et un à soixante-cinq ans, comme jusqu'ici, mais de quatorze à soixante-quinze ans *(Écoutez ! écoutez à gauche)*, en nous réservant cependant de ménager des facilités aux jeunes gens bien doués pour continuer leur éducation, et aux gens âgés pour conserver leur santé.

Nous pourrons aussi en établissant une nourriture plus simple et moins coûteuse que jusqu'à présent contribuer notablement à diminuer notre déficit *(Agitation à gauche.)* On a soigneusement étudié ces temps-ci le moyen de réduire la ration de viande, au principal repas, de 150 grammes à 50 grammes de viande ou de graisse par tête, en augmentant proportionnellement les rations de légumes et de pommes de terre. (Le député de Hagen : *A Plotzensée !*)

Le Président. — Monsieur le député, je vous prie de cesser vos interruptions. *(Approbation à droite.)*

Le Chancelier, *continuant.* — Il y a, comme on le sait, beaucoup de personnes honorables, je veux parler des végétariens, qui ne considèrent pas du tout l'usage de la viande comme indispensable et le regardent comme positivement nuisible à l'organisme humain. *(Agitation à droite.)*

Mais surtout, nous nous efforcerons de réaliser de grandes économies en traçant, par un développement logique et continu de l'égalité sociale d'étroites frontières à la volonté individuelle et au jeu aveugle de l'offre et de la demande, qui aujourd'hui encore entrave la production autant qu'elle fait renchérir la consommation. La société produit par exemple, des aliments, des ustensiles de ménage, des vêtements; or le public demande dans son caprice égoïste, qu'on le nomme goût, mode ou autre chose...

La femme du Chancelier. — Oh! oh!

(Le chancelier s'arrête et boit un verre d'eau pour se donner le temps de maîtriser l'impatience que lui cause visiblement cette interruption.) Je dis que trop souvent maintenant la mode capricieuse demande, non les objets que nous avons fabriqués, mais précisément ceux dont nous n'avons que peu ou point produit jusqu'à présent. Les marchandises accumulées par la société ne se vendent pas, vieillissent, se détériorent, bref ne remplissent pas leur but, rien que parce que messieurs et mesdames X, Y, Z ont des goûts différents. Est-il juste de céder aux tendances individualistes de ces gens-là, en mettant à leur disposition des choses différentes pour un même usage, en fait de nourriture, de logement, de vêtements, de manière que monsieur et madame X puissent se nourrir, se loger et se vêtir autrement que monsieur et madame Y? Combien la production deviendrait moins coûteuse si, au lieu de la multiplier ainsi on pouvait la réduire à un petit nombre d'objets ou, mieux encore, à un seul objet pour chaque usage déterminé! Toute perte par insuffisance d'écoulement serait évitée si on établissait d'avance que messieurs et mesdames X, Y et Z devront se nourrir, se loger et se vêtir de la même manière, prescrite par l'Etat.

Donc, mesdames et messieurs, le gouvernement vous proposera bientôt, pour la nourriture, de soumettre à leur tour les repas du matin et du soir à la réglementation qu'on applique depuis l'origine au repas principal de l'après-midi. L'égalité sociale exigera aussi la socialisation du ménage, pour tous les objets qui lui sont nécessaires, comme lits, tables, chaises, armoires, literie et autres choses de ce genre. En pourvoyant toutes les demeures d'un mobilier appartenant à l'État et destiné à y rester, nous éviterons aux particuliers les peines et les pertes qui résultent actuellement de leurs déménagements.

Nous nous rapprocherons, en outre, plus que nous n'avons pu

le faire encore, du principe de l'égalité sociale pour les logements, malgré les différences de leurs situations, en tirant les appartements au sort tous les trois mois. De cette façon, la chance d'avoir un appartement au premier étage, sur la rue, se représentera pour chacun quatre fois par an. *(Rires à gauche. Approbations isolées à droite.)*

De même, à l'avenir, on fera pour tout le monde des vêtements d'une étoffe, d'une couleur et d'une coupe strictement déterminées d'avance, et qui devront être portés durant un temps fixé. »

La femme du Chancelier. — *Jamais! Jamais!*

Les dames présentes dans les tribunes manifestent aussi de l'opposition.

Le Président. — Il n'est pas permis aux tribunes de donner des signes d'approbation ou de mécontentement.

Le Chancelier. — Je vous prie de ne pas vous méprendre à mes paroles. L'égalité dans le costume ne doit pas aller jusqu'à exclure toute diversité. Nous voulons, au contraire, proposer des insignes différents pour distinguer extérieurement les dames et les messieurs de provinces, de villes, de professions différentes. Cela facilitera extrêmement aux contrôleurs de l'Etat la surveillance des individus. *(Ecoutez! Ecoutez! à gauche.)* En conséquence, il nous suffira d'établir à l'avenir un surveillant sur trente personnes, au lieu d'un sur cinquante, comme à présent, et le service de surveillance n'aura pas besoin d'être augmenté davantage pour assurer l'observation exacte de tous les règlements relatifs aux repas du matin et du soir, à l'habillement et au logement; notre Etat deviendra le type de l'Etat bien ordonné. *(Cris à gauche : De l'État tyrannique!)*

Le président agite la sonnette et demande du calme.

Tel est notre programme! Si vous l'approuvez, nous espérons, par son énergique application, non seulement combler bientôt le déficit de notre économie nationale, mais aussi élever notre nation au bien-être et à la félicité, sur le fondement de l'égalité sociale, à mesure que nous réussirons peu à peu à vaincre l'influence pernicieuse de l'ancien régime sur la moralité de la population. *(Applaudissements à droite, sifflets bruyants et répétés à gauche.)*

Le Président. — Il serait bon, ainsi qu'on l'a demandé de différents côtés, qu'avant de commencer à discuter les propositions de M. le Chancelier, on permît aux membres de l'Assemblée de lui adresser de brèves questions sur les points que quelques-uns d'entre eux pourraient trouver obscurs ou incomplètement traités dans le programme qu'il a présenté.

Le Chancelier. — Je suis prêt à répondre immédiatement à toutes les questions qui me seront adressées.

Un député du parti du gouvernement demande à M. le Chancelier de s'expliquer davantage sur l'organisation des repas du matin et du soir, et de dire si les mesures proposées auront une influence sur le système des certificats d'argent.

Le Chancelier. — Je suis reconnaissant à l'honorable député d'attirer mon attention sur quelques omissions que j'ai commises. La portion quotidienne de pain pour les adultes sera désormais abaissée de 700 à 500 grammes, pour empêcher une surcharge des organes de la digestion. C'est un fait d'expérience que l'amidon, tel qu'il existe en forte proportion dans le pain noir, entre facilement en fermentation, ce qui provoque le catarrhe intestinal et la diarrhée. Indépendamment de la portion de pain qui doit suffire aux besoins de la journée, chaque adulte recevra pour le déjeuner 10 grammes de café non grillé et un décilitre de lait écrémé. On devra faire avec cela une portion d'un demi-litre. Nous croyons que cette combinaison corrigera suffisamment l'action irritante et nuisible du café. *(Hilarité à gauche.)*

Le soir, nous fournirons à chaque adulte trois quarts de litre de soupe, en faisant alterner les soupes de farine, de riz, de pain, de pommes de terre; de temps en temps, cette soupe sera remplacée par un quart de litre de lait écrémé. Aux trois grandes fêtes politiques, aux anniversaires de Bebel, de Lassalle et de Liebknecht, on aura pour le repas principal 250 grammes de viande et un demi-litre de bière.

J'ai encore oublié tout à l'heure de dire qu'une fois par semaine à la place des 50 grammes de viande de l'après-midi, ou pour le repas du soir, on recevra un hareng.

Il ne s'agit là que de propositions qui ont besoin de votre approbation. Mais en ramenant de la sorte la nourriture à des principes simples et naturels, il nous deviendra possible d'exporter à l'étranger toutes les denrées alimentaires et toutes les boissons coûteuses et recherchées que nous avons produites jusqu'à présent, comme, par exemple, les légumes délicats, la venaison, la volaille, les poissons rares, les jambons, les vins, dans la mesure où cette production existera encore à l'avenir. Nous espérons nous mettre ainsi en état de balancer la valeur des aliments que nous devrons tirer de l'étranger pour l'observation du régime que j'ai indiqué, comme, par exemple, le froment et le café.

En ce qui concerne le certificat d'argent, il vous saute aux yeux que la grande augmentation des livraisons en nature doit avoir pour conséquence une diminution proportionnelle des coupons qui représentent du numéraire. Nous avons l'intention de livrer encore en nature le chauffage et l'éclairage de chaque pièce dans la mesure déterminée par notre budget. De même, nos établissements de blanchissage blanchiront désormais le linge gratis, naturellement dans certaines limites qui ne pourront être dépassées. Dans ces conditions, nous croyons faire bien les choses en donnant à chaque adulte un mark (1 fr. 25) tous les dix jours, pour ce qu'il pourra manger et boire en dehors des repas, pour le tabac, le savon, les vêtements de fantaisie, les objets divers, les plaisirs, les voyages, bref, tout ce qu'il pourra encore désirer. *(Rires à gauche.)* L'emploi de ce mark ne sera soumis à aucun contrôle de la part de la société. Vous voyez par là que nous sommes bien loin de vouloir entraver la volonté individuelle dans son domaine vraiment légitime.

Un député du parti de la liberté demande au chancelier comment, après avoir porté la durée du travail à douze heures, on pense prévenir le plus grand relâchement qui pourrait en résulter dans l'accomplissement du travail et quelle attitude veut prendre le gouvernement dans la question de l'accroissement de la population.

Le Chancelier. — Quant aux délits contre le devoir du travail, l'augmentation de durée de la journée pourrait bien nous mettre dans la nécessité de compléter le système pénal en y ajoutant la suppression du lit, la prison noire, le cachot de rigueur et, en cas de récidive, la bastonnade. *(On crie dans les tribunes : Fi!)*

Le Président menace de faire immédiatement évacuer les tribunes si, malgré ses avertissements, on s'y livre encore à des manifestations.

Le Chancelier. — Comprenez-moi bien, je vous prie; nous ne conseillerons pas, pour la bastonnade, de dépasser trente coups. Nous voulons seulement faire pénétrer le sentiment socialiste de l'obligation du travail chez ceux mêmes qui opposent une résistance physique.

Pour ce qui est de l'augmentation de la population, nous restons fidèles au principe de Bebel : Notre État considère tout nouveau-né comme un hôte bienvenu dans la démocratie sociale. *(Approbation à droite.)* Cependant, là aussi il faut des limites, et nous ne pourrions pas tolérer qu'une augmentation exagérée de la population remît en question l'équilibre de l'économie nationale, lorsque les mesures que nous vous avons proposées l'auront établi. Nous pourrons peut-être, comme nous espérons le montrer avec plus de détail à la Commission du budget, régler dans une large mesure l'accroissement de la population, en réglant la nourriture à cet effet, conformément aux indications si précieuses laissées par Bebel sur ce point. Car Bebel l'a dit avec autant de justesse que d'élévation : « Le socialisme n'est autre chose que la science appliquée, dans tous les domaines de l'activité humaine, avec une pleine conscience, et une pleine connaissance des choses. » *(Vive approbation à droite.)*

Le Président. — Puisqu'on ne pose pas d'autre question à M. le chancelier, nous pouvons maintenant entamer la discussion selon l'ordre du jour. Je donnerai alternativement la parole aux orateurs des deux grands partis, la droite et la gauche, et je commencerai par la gauche. La parole est à M. le député de Hagen.

Le député de Hagen. — Je n'ai nulle envie d'interroger M. le chancelier sur les détails de son programme, car les résultats pratiques que nous avons vus sortir de l'organisation socialiste, et ceux que nous devons encore en attendre, d'après les indications de l'honorable chancelier, suffisent largement à nous remplir l'âme d'aversion et de dégoût pour le régime que la démocratie sociale a imposé à l'Allemagne. *(Grande agitation à droite, vive approbation à gauche.)* La cruelle réalité dépasse même les maux qu'un ancien député de ma circonscription prévoyait devoir résulter de l'application du programme socialiste. *(A droite : Ah! ah! l'homme aux erreurs! le mangeur de socialistes!)* Je vois que ces messieurs de la droite n'ont pas oublié l'écrit de feu le député Eugène Richter sur les erreurs de la démocratie sociale (1). Plût au ciel que vous eussiez alors abandonné vos erreurs pour comprendre les véritables lois du monde économique. Le déficit annuel de 12 milliards devant lequel vous vous trouvez est la banqueroute du socialisme. *(Violents murmures à droite.)* Et vous, Monsieur le chancelier, vous ne faites que dissimuler la réalité lorsque vous cherchez à imputer ce déficit en première ligne aux ennemis de la démocratie sociale.

L'Allemagne compte maintenant plus de soldats et de policiers qu'elle n'en a jamais eu. C'est bien naturel, puisque vous soumettez à l'action de l'État toutes les circonstances de la vie privée ou publique : vous devez multiplier en conséquence le nombre des agents de l'État. Notre commerce d'exportation a lamentablement baissé; où en est la cause, sinon dans la transformation de la production et de la consommation chez nous et dans les États socialistes voisins?

Tout cela, cependant, ne suffit pas à expliquer le quart du déficit. M. le chancelier l'attribue en partie à la diminution du temps de travail. Mais la moyenne de ce temps avant la Révolution n'était pas même de dix heures par jour, et, par une évolution tranquille, pacifique, sans nuire à la production, elle aurait d'elle-même diminué graduellement. Ce qui a fait baisser la production, ce n'est pas tant l'abréviation du travail que son infériorité; c'est la fainéantise qui s'est maintenant emparée de tous. *(Oh! oh! à droite.)* Aujourd'hui, le

(1) Il est évidemment question ici d'un écrit du député Eugène Richter sur les « erreurs de la démocratie sociale », publié à la fin de 1890 et tiré à quatre-vingt mille exemplaires. (N. d. T.)

travail, ainsi que dans les siècles passés, n'est considéré que comme une corvée, un esclavage. L'égalité de salaire pour des services différents, l'impossibilité d'arriver par l'application et le talent à une condition meilleure, tout cela détruit l'envie et la force de travailler.

De plus, le travail est moins productif qu'autrefois, parce que, avec l'entrepreneur privé, vous avez supprimé la direction soigneuse qui empêche le gaspillage du matériel et des forces, et qui règle la production suivant les besoins. Il manque à vos chefs d'industrie tout intérêt propre, il leur manque ce stimulant que la concurrence des particuliers faisait sentir autrefois jusque dans les ateliers de l'État.

Le déficit actuel vous montre que l'entrepreneur n'était pas un exploiteur ni un bourdon inutile, et que le travail, même assidu, quand il n'est pas dirigé méthodiquement, peut être un gaspillage de force et de matériaux. Il vous montre que l'industrie en grand, comme vous l'avez établie partout suivant un modèle uniforme, même dans les cas où elle ne convient pas, peut diminuer la production.

Où sommes-nous tombés? Dans vos efforts pour compenser les désavantages de la production socialiste, vous en venez à des restrictions de la liberté personnelle et économique qui font ressembler l'Allemagne tout entière à un immense bagne. *(Bruit violent à droite, applaudissements à gauche et dans les tribunes; le Président menace de faire évacuer les tribunes si l'on s'y livre à de nouvelles manifestations.)* L'obligation égale au travail, la durée égale du travail, la participation forcée à des travaux déterminés, tout cela n'existait autrefois que dans les établissements pénitentiaires. Et là même on reconnaissait un mérite supérieur à l'ouvrier laborieux et habile. Les individus ont dans votre société des demeures qui leur sont imposées, comme les prisons l'étaient aux prisonniers. Les meubles appartenant à l'État, que vous allez y mettre, compléteront la ressemblance. Les familles sont divisées. Si vous n'aviez pas à craindre l'extinction de la démocratie sociale, vous sépareriez complètement les hommes des femmes, comme dans les prisons.

Dans votre société, chacun doit prendre la nourriture prescrite aux heures fixées, avec autant de régularité que pour le travail. C'est avec raison que je me suis écrié : Plotzensée! lorsque M. le chancelier a tracé son programme culinaire. Dans cet établissement pénitentiaire, en son temps, le menu a peut-être été meilleur, il n'a certainement pas été pire. Pour compléter la ressemblance avec les maisons de force, on nous donne encore le même costume. Nous avons déjà des surveillants dans la personne des contrôleurs, et des factionnaires qui empêchent les condamnés à la démocratie sociale de s'évader par la frontière. Dans nos anciens bagnes, la journée de travail était de dix et non de douze heures. La peine du bâton que vous êtes obligés d'établir aujourd'hui pour imposer cette journée de douze heures, était même regardée comme inutile dans beaucoup de ces établissements. Il restait au moins dans les bagnes la possibilité d'une grâce qui pouvait rouvrir le chemin de la liberté même au condamné à perpétuité; mais dans votre société, on est condamné pour la vie, car on ne peut en sortir que par le suicide. *(Agitation.)*

Vous cherchez à expliquer tout cela en parlant de transition. Nullement! Plus la démocratie sociale régnera, plus la situation deviendra mauvaise. Vous n'avez encore descendu que les premiers degrés qui conduisent à l'abîme; la lumière du jour dont vous vous éloignez, vous éclaire encore. Toute culture, toute expérience, toute habileté pour le travail vous viennent du passé. Mais dans les établissements d'éducation de la démocratie sociale, la jeunesse est en train de se perdre, non parce qu'elle manque de temps ou de moyens pour s'instruire, mais parce que dans ses rangs personne ne voit d'intérêt à s'imposer une culture inutile à son avenir. Vous vivez maintenant sur le capital d'éducation comme sur le capital économique qui vous vient de l'ancien régime. Mais vous ne pouvez plus rien épargner pour de nouvelles entreprises, pour des améliorations, des chemins, des constructions, etc. Au contraire, vous laissez se perdre ce qui existe; il vous manque les moyens de le réparer parce que, avec le gain de l'entrepreneur, vous avez supprimé le droit à l'intérêt qui poussait autrefois les particuliers à former sans cesse de nouveaux capitaux. Tout progrès économique et scientifique a cessé avec la libre concurrence; tandis que jadis l'intérêt personnel mettait en jeu la sagacité et l'imagination de chacun et que la rivalité de beaucoup de concurrents dans la même voie faisait tourner au profit de la communauté tous les efforts individuels.

Les mesures proposées par M. le chancelier ne peuvent pas mieux couvrir le déficit de 12 milliards que, dans les prisons, quand il y en avait, une organisation de la production et de la consommation semblable à notre organisation sociale ne réussissait à couvrir même le tiers des dépenses courantes de ces établissements. Bientôt, malgré le programme de M. le chancelier, vous vous trouverez en présence d'un nouveau et plus important déficit. C'est pourquoi il ne faut pas trop vous réjouir de toutes les naissances qui font grandir la démocratie sociale. Au contraire, songez à la manière d'organiser du haut en bas une diminution de la population. Même dans les conditions misérables que M. le chancelier est obligé de prévoir, l'Allemagne, avec ses institutions actuelles, ne peut entretenir longtemps qu'une population rare et clairsemée. Il en est de même pour les États socialistes voisins. L'impitoyable loi de la conservation forcera donc çà et là les membres de la démocratie sociale à s'entretuer jusqu'à l'extermination de ce trop-plein d'hommes pour lequel il n'y a de place en Europe que dans une civilisation semblable à celle que vous avez détruite en détruisant l'ancien régime.

Jusqu'à présent, à ma connaissance, l'espoir que nourrissait Bebel de changer par l'irrigation les déserts du Sahara en contrées luxuriantes, et d'y transporter le trop-plein de la démocratie sociale européenne, n'est pas près de se réaliser. Je ne vois pas non plus que l'excédent de la population allemande manifeste le désir d'aller s'établir au nord de la Norwège et en Sibérie, comme M. Bebel, en son temps, avait la bonté de lui en offrir la perspective. *(Hilarité à gauche.)*

Je ne sais s'il est encore possible de s'arrêter sur le chemin de l'abîme où notre nation est entraînée. La Révolution a déjà détruit pour bien des milliards de richesses; il faudrait en sacrifier bien d'autres pour réparer la désorganisation de l'économie nationale.

Tandis que, dans la vieille Europe, grâce à vos efforts, nous marchons à la ruine, au delà des mers s'élève une communauté de plus en plus riche et puissante qui repose sur la propriété privée et la libre concurrence et dont les citoyens ne se sont jamais laissé sérieusement fasciner par les erreurs de la démocratie sociale.

Chaque jour pendant lequel nous différons d'affranchir notre pays de son funeste égarement, nous rapproche de l'abîme. Donc, à bas le bagne démocratico-socialiste! vive la liberté! » *(Approbation tumultueuse du côté gauche et dans les tribunes; sifflets violents et grande agitation du côté droit.)*

Le Président rappelle l'orateur à l'ordre à cause des expressions par lesquelles il a terminé son discours, et ordonne, en considération de ses avertissements répétés, de faire évacuer les tribunes.

Par suite de l'évacuation des tribunes, qui ne s'opéra pas sans difficulté, je dus aussi quitter ma place, je ne puis donc rien dire de la suite de la séance. Cependant on sait que le gouvernement dispose dans le Reichstag d'une majorité servile et dévouée, en sorte que l'acceptation des propositions du chancelier ne fait dès à présent aucun doute. L'irritation de Mme la chancelière contre les nouveaux règlements sur le costume, annoncés par son époux, n'y changera rien.

XXX. — MENACES DE GRÈVE

Le nouveau programme du chancelier, pour combler le déficit, a été accueilli presque partout dans Berlin avec mépris et raillerie. Nul ne peut prévoir ce qui s'ensuivra. Il existe déjà depuis longtemps une agitation particulière parmi les ouvriers métallurgistes, spécialement les constructeurs de machines. Ils se vantent d'avoir fait la plus grosse besogne de la révolution et prétendent être maintenant honteusement trompés dans l'accomplissement des promesses que la démocratie sociale leur avait faites. Avant la révolution, on leur promettait toujours le produit intégral de leur travail. Cela a été imprimé formellement bien des fois dans le *Vorwärts*. Et maintenant ils reçoivent le même salaire que tous les autres.

Si on leur distribuait la valeur totale des produits et des machines sortis de leurs ateliers, après défalcation du prix de la matière première et des matières auxiliaires, il leur reviendrait, disent-ils, plusieurs fois la somme qu'ils reçoivent actuellement. En vain le *Vorwärts* a cherché à leur faire comprendre qu'ils se méprenaient. La démocratie sociale, explique le *Vorwärts*, n'a pas promis aux travailleurs de chaque métier en particulier le revenu intégral de leur métier; elle a promis à la totalité des travailleurs le revenu total du travail de la nation. Ce qui sort des ateliers de métallurgie ne vient pas seulement du travail de l'ouvrier, mais aussi de la coopération de beaucoup de machines et d'outils coûteux. Il faut de vastes bâtiments, un matériel considérable. Tout cela n'est pas le produit des ouvriers occupés temporairement dans les ateliers. C'est la société qui fournit ce capital industriel, et pour cette raison elle a droit, sur le revenu du travail, à tout ce qui dépasse le salaire égal accordé à tous les travailleurs de la communauté. Les ouvriers métallurgistes ne veulent pas se mettre cela dans la tête. Ils pensent que si l'État, ou la société, absorbe maintenant les dividendes que les actionnaires réclamaient autrefois comme revenu de leur capital, il n'y a rien de changé pour eux. Ce n'était pas la peine de faire la grande Révolution.

Depuis qu'on a en perspective le travail obligatoire pendant douze heures par jour, les ouvriers métallurgistes sont encore plus irrités. Travailler douze heures par jour près du feu et sur les métaux, c'est autre chose que d'attendre les clients dans une boutique ou de garder les enfants pendant le même temps.

Bref, ils demandent le produit entier de leur travail et la journée de dix heures au plus. Ils ont déjà tenu de grandes réunions pendant la nuit à la Jungfernheide et à la Mühlheide, pour délibérer sur les moyens de faire valoir leurs réclamations par la force. On parle d'une grève de 40.000 ouvriers métallurgistes et constructeurs de machines qui sont occupés à Berlin.

XXXI. — MENACES DE L'ÉTRANGER

En Russie et en France, les gouvernements socialistes ne peuvent pas non plus surmonter les difficultés intérieures. Ils cherchent donc à tourner vers le dehors la mauvaise humeur de leurs populations. La triple alliance a été tout de suite rompue par les gouvernements socialistes. Actuellement l'Autriche-Hongrie est menacée par l'Italie en Istrie et dans le Tyrol italien ; le moment paraît favorable à la France et à la Russie pour attaquer l'Allemagne. Les deux États ont adressé à notre Ministère des Affaires étrangères des notes identiques ; ils exigent, dans les dix jours, le payement des dettes commerciales accumulées par l'Allemagne.

Qu'est-ce que la France vient faire là-dedans ? Nous n'avons de dettes envers elle que pour le prix de quelques millions de bouteilles de champagne que nous avons bues dans le premier élan de notre joie, après la Révolution, avant que la consommation ne fût réglée par l'État. Mais la Russie a eu la perfidie de céder à la France une partie de ses créances pour motiver une action commune. Nos dettes envers la Russie se montent maintenant à plus d'un milliard de marks, quoique nous n'en ayons tiré que les quantités de froment, de bois, de lin, de chanvre, que nous importions déjà autrefois et dont nous ne pouvons absolument pas nous passer pour notre entretien. Les objets manufacturés que nous livrions autrefois à la Russie et à la France pour balancer nos comptes, nous ont été presque tous renvoyés dans ces derniers temps comme défectueux et inférieurs à leur prix. Jadis nous aurions pu simplement donner en payement aux Russes des valeurs de leur pays ou des coupons de ces valeurs; il y en avait suffisamment en Allemagne. Maintenant, manquant de titres et de métaux précieux, nous ne pouvons nous acquitter de cette manière.

Nos honnêtes voisins le savent bien ; ils ont laissé entrevoir dans leurs notes qu'au cas d'un plus long retard dans le payement de nos dettes, ils se verraient obligés d'occuper comme gages une partie du grand-duché de Posen et de la Prusse orientale, ainsi que l'Alsace-Lorraine. Les deux Etats se sont d'ailleurs déclarés prêts à entrer en négociations pour la remise de la dette, si l'Allemagne voulait renoncer définitivement à ces provinces. N'est-ce pas une insolence sans pareille?

L'Allemagne ne manque pas de soldats exercés, d'armes, de poudre et de plomb. L'ancien régime nous a laissé sous ce rapport un riche héritage. Malheureusement, la production ayant diminué, et la consommation ayant épuisé les provisions des chemins de fer, on manque de charbon pour les transports militaires, tandis que les forteresses et les intendances des troupes de campagne se plaignent de manquer de viande, de farine, d'avoine, pour l'entretien de l'armée.

En attendant, les Français ont annexé le grand-duché de Luxembourg. La destinée de ce duché était restée en suspens depuis la dissolution du Zollverein. Un parti a profité du mécontentement excité par la rupture des anciennes relations commerciales avec l'Allemagne, pour appeler les Français. Ceux-ci y sont aussitôt entrés par Longwy. On a déjà vu de la cavalerie française sur la frontière du Luxembourg et de l'Allemagne, en face de Trèves.

XXXII. — LA GRÈVE ET LA GUERRE EN MÊME TEMPS

Tous les ouvriers métallurgistes de Berlin et des environs se sont mis en grève ce matin, après avoir vu repousser leur demande de recevoir le produit intégral de leur travail.

Le gouvernement a immédiatement décidé de les priver des repas de midi et du soir. Dans toutes les cuisines nationales, les employés ont reçu l'ordre de refuser leurs certificats monétaires. Le même ordre a été donné dans tous les restaurants et magasins où les ouvriers métallurgistes doivent, d'après les règlements, se procurer leurs moyens d'existence. Ces établissements seront gardés par de forts détachements de police. On espère, de cette façon, affamer les grévistes dans le plus bref délai, car les morceaux de pain et les restes que leurs femmes et leurs amis pourront mettre de côté pour eux sur leurs propres portions, ne leur suffiront pas longtemps.

Il faut ajouter que ce matin les rations de pain ont été diminuées de moitié pour toute la population, et les rations de viande totalement supprimées. On espère par ce moyen économiser assez pour approvisionner les forteresses des frontières; car pendant ce temps, ce que nos ennemis appellent la saisie en gage de l'Allemagne a déjà commencé. La cavalerie française a passé du grand-duché de Luxembourg en Allemagne, a traversé la Moselle et coupé les lignes des chemins de fer de Metz-Thionville et de Trèves-Sarrelouis. D'autres corps d'armée français, appuyés sur Longwy, Conflans, Pont-à-Mousson, Nancy et Lunéville, ont franchi la frontière lorraine pour assiéger Metz et Thionville et pousser une pointe dans la direction de Mörchingen. On dit que ces deux forteresses n'ont de provisions que pour huit jours au plus. Il en est de même des villes de Kœnigsberg, Thorn et Graudenz, contre lesquelles les colonnes russes sont en marche pour les prendre également en gage. Il semble que cette armée ait l'intention d'envahir la Prusse orientale à la fois par l'est et par le sud, et qu'elle veuille occuper cette province dans le double but de rapprocher la ligne d'attaque de la Russie contre l'Allemagne et d'empêcher l'armée allemande d'en tirer des chevaux. La landwehr et la landsturm, dans la Prusse orientale, courent à la frontière. Malheureusement on s'aperçoit qu'on manque des équipements les plus nécessaires pour la landwehr et la landsturm, car une grande partie des bottes et des chemises ont été employées, après la grande révolution, vu l'insuffisance de la production, à pourvoir aux besoins de la population civile.

Cependant il m'est impossible de continuer ces récits avec le même détail que jusqu'à présent, car, à partir de demain, la prolongation de la journée de travail jusqu'à douze heures entre en vigueur. Je fermerai donc ce cahier et j'enverrai tout ce que j'ai écrit à Franz et à Agnès à New-York. Puissent-ils le conserver pour leurs enfants et leurs petits-enfants, en souvenir de moi et de ces temps orageux! On me traite aussi maintenant en suspect politique, et je ne suis pas garanti contre une perquisition et la confiscation de mes papiers.

XXXIII. — LA CONTRE-RÉVOLUTION COMMENCE

Les grévistes ne veulent pas se laisser affamer. J'étais allé voir mon beau-père au château de Bellevue, où il habite l'établissement qu'on y a installé pour les vieillards. Là, j'entends dire que les ouvriers métallurgistes, qui s'étaient rassemblés dans les anciens ateliers de Borsig, essaient de s'emparer du magasin de pain établi en face du château de Bellevue, sur l'autre rive de la Sprée, entre la rivière et le talus du chemin de fer. Toutes les issues conduisant à la grande place où se trouvent les magasins de provisions sont fermées. Les ouvriers veulent passer par-dessus les hautes murailles, mais les postes de police établis à l'intérieur tirent sur eux et les grimpeurs paient leur tentative de leur vie.

Les ouvriers grimpent alors sur le talus du chemin de fer d'où la vue plonge dans l'intérieur de la place où sont situés les magasins, entre le talus et la Sprée. Ils arrachent les rails, coupent les fils du télégraphe, mais les décharges que font les soldats par les fenêtres et les lucarnes des magasins couvrent de nouveau le sol de leurs morts et de leurs blessés.

Alors, les ouvriers s'établissent aux étages supérieurs des maisons de la rue de Lunebourg, derrière le talus du chemin de fer. Entre les fenêtres de ces maisons et les magasins de provisions s'engage un feu violent ; la garnison des magasins est inférieure en nombre, mais elle dispose d'armes meilleures et de munitions plus abondantes.

Pendant ce temps, de nouvelles bandes d'ouvriers des chemins de fer cherchent, du quai de Helgoland, à faire brèche dans les murs d'enceinte de la place où se trouvent les magasins. Mais, à leur insu, un renfort de la police a passé au pas de course par le jardin de Bellevue, occupé le pont des piétons couvert par le pont du chemin de fer, et il ouvre de là un feu meurtrier contre les masses d'hommes, en grande partie désarmés, du quai de la Sprée.

Avec de terribles cris de vengeance, cette foule se disperse, laissant derrière elle des tas de morts et de blessés. Maintenant, dit-on, l'artillerie de la police a été appelée pour bombarder, de la rive opposée de la Sprée, la rue de Lunebourg.

Je quitte cette scène sanglante pour me rendre chez moi, dans le quartier sud-ouest de Berlin, par un chemin détourné, à travers le Thiergarten. Partout les hommes s'assemblent par groupes irrités. Dans mon quartier aucun désordre n'a encore eu lieu, mais on entend dire que les ouvriers métallurgistes ont réussi à s'emparer des magasins de pain du Tempelhof et de la rue Copernic. Beaucoup d'armes et de munitions seraient aussi tombées entre leurs mains en divers endroits. On ne peut rien savoir de certain, cependant on se dit à l'oreille que la révolte s'étend de plus en plus sur la rive droite de la Sprée.

La police avait été portée, dans ces derniers temps, à 30.000 hommes. Elle se compose de démocrates-socialistes fanatiques qu'on a choisis dans tout l'empire. On y a joint beaucoup de cavalerie et d'artillerie. Mais que peuvent faire ces détachements dispersés dans Berlin, si la population de deux millions d'habitants se soulève réellement d'une façon générale? La poudre sans fumée permet de tirer en embuscade plus facilement qu'autrefois; les armes actuelles favorisent ceux qui occupent des positions abritées dans les maisons.

Des troupes d'infanterie au pas de course et de cavalerie au trot se dirigent continuellement vers les Tilleuls par le quartier sud-ouest. La force armée paraît se rassembler au centre de Berlin, autour du château et sous les Tilleuls. Comment tout cela finira-t-il?

J'ai trouvé le grand-père, lors de ma visite, tout à fait hébété et indifférent. Faute de son cercle de famille et d'un entourage qui l'intéresse, ses facultés intellectuelles baissent rapidement. Il me racontait plusieurs fois la même chose, me répétait des questions auxquelles j'avais déjà répondu, et confondait même les personnes et les générations de la famille. Quelle triste vieillesse!

XXXIV. — NOUVELLES DÉSASTREUSES

Voilà le jour le plus triste de ma vie! Je suis allé voir ma femme, elle ne m'a pas reconnu, elle divaguait. Son trouble d'esprit, conséquence de la mort d'Annie, des émotions et des secousses du mois dernier, est reconnu incurable, à ce que m'a dit le médecin. Elle se croit sujette à des persécutions diaboliques et aujourd'hui on doit la transporter dans un hospice d'incurables.

Pendant vingt-cinq ans, nous avons partagé nos joies et nos douleurs et vécu dans l'union la plus intime de l'esprit et du cœur. Voir devant moi la compagne de ma vie et, dans son vieux et cher visage, ses yeux fidèles devenus étrangers et égarés, c'est plus cruel que d'en être séparé par la mort.

Au dehors, le tumulte augmente de tous côtés. Mais que m'importe tout cela dans la douleur de mon âme? On dit qu'il y a eu des combats malheureux dans la Prusse orientale et en Alsace-Lorraine. Nos troupes, après des marches forcées, mal nourries, mal vêtues, n'ont pu faire une longue résistance, malgré toute leur bravoure. La révolte de Berlin devient de plus en plus générale. Elle triomphe déjà sur toute la rive droite de la Sprée, et sur cette rive-ci, dans les quartiers et les faubourgs situés au delà du canal de la Landwehr. Les révoltés reçoivent de province des renforts de plus en plus considérables. Une partie des troupes aurait passé de leur côté.

La révolution a donc dépassé le cercle des ouvriers métallurgistes et de leurs réclamations particulières. Elle menace maintenant l'existence du régime démocratique socialiste. Et moi aussi, je suis désespéré d'avoir travaillé tant d'années à faire triompher ce régime sous lequel nous avons vécu pendant les derniers mois. Je ne l'ai fait que parce que j'en espérais un avenir meilleur pour mes enfants et petits-enfants; je croyais bien faire. Mes fils pourront-ils jamais me pardonner la part que j'ai prise à des événements qui leur ont fait perdre leur mère et leur sœur et ont détruit tout notre bonheur domestique?

Il faut à tout prix que je parle à mon Ernest; j'ai besoin de le voir, je veux lui défendre de sortir dans les rues, où les jeunes gens sont si attirés par l'agitation de ces journées. Je ne manque pas de temps dans le jour pour aller à son établissement d'éducation. Comme suspect politique, j'ai perdu ma place de contrôleur et j'ai été mis au balayage des rues pendant la nuit. Dieu veuille que nous ne soyons pas obligés d'exécuter ce travail dans le sang!

XXXV. — DERNIER CHAPITRE

A Monsieur le prote d'imprimerie Franz Schmidt, à New-York.

« Mon cher frère,

« Sois fort et maître de toi, car j'ai de tristes nouvelles à t'annoncer. Notre excellent père n'est plus. Il a été, lui aussi, une victime innocente de la grande révolte qui depuis plusieurs jours est déchaînée à Berlin.

» Le père voulait venir me voir à la maison d'éducation pour me défendre de me mêler aux troubles de la rue. Dans le voisinage de notre établissement, il y avait eu un combat contre la police; il l'ignorait sans doute. Une partie des soldats s'étaient réfugiés dans notre maison; leurs adversaires étaient en embuscade. Probablement l'un d'entre eux a pris notre père pour un messager du gouvernement. Un coup de feu tiré d'une fenêtre de rez-de-chaussée l'a atteint, et il a expiré dans la rue au bout de quelques instants. C'a été un moment terrible quand on a apporté le mort dans notre vestibule et que j'ai reconnu mon père.

» Il a été victime de sa sollicitude paternelle. Il était devenu démocrate socialiste pour l'amour des siens, mais il était complètement revenu de ses erreurs.

» Notre père t'a déjà écrit le triste état de notre grand-père. Dans ma vive douleur et mon isolement, tu es, cher frère, mon unique pensée et mon seul refuge. Quand je mettrai cette lettre à la poste, j'aurai déjà passé la frontière allemande; elle ne doit pas être gardée du côté de la Hollande. Là je pourrai me servir de l'argent que tu m'as envoyé.

» Ici, tout est sens dessus dessous. A la frontière, des combats sanglants; à l'intérieur, l'anarchie et une dissolution complète. Tu sauras comment tout cela est arrivé par le journal du père que je te porte et qu'il a continué jusqu'à la veille de sa mort.

» Dans le deuil et la douleur, je vous embrasse Agnès et toi.

» Ton frère resté seul,

» Ernest. »

IMPRIMERIE CHAIX, RUE BERGÈRE, 20, PARIS. — 23702-11-93. — (Encre Lorilleux).

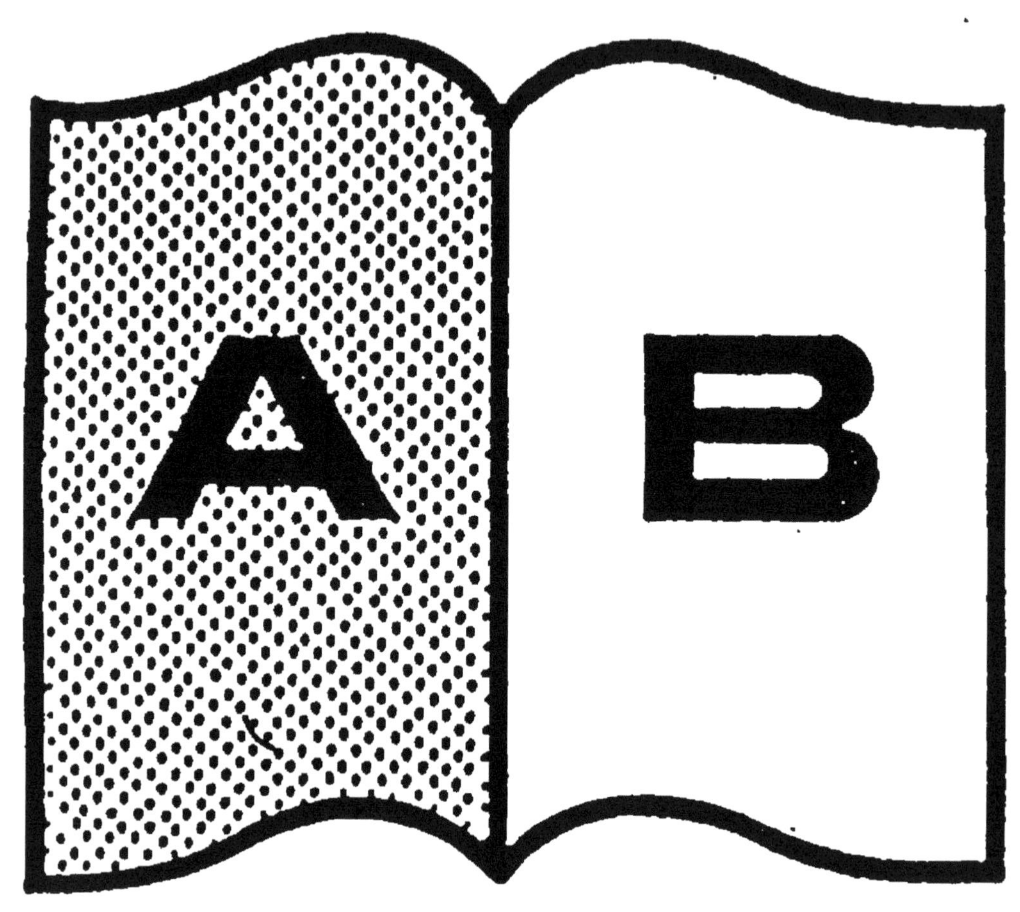
A
B

tout surveiller avec le plus grand soin. Elle ne fera pas fi non plus de ce que nous appellerons l'hygiène de l'âme, qui lui impose la nécessité de contrôler l'activité de l'imagination et de fortifier la volonté : par suite, la nécessité de se prémunir absolument contre les préjugés répandus par les *bonnes femmes* s'imposera d'elle-même.

Enfin, le moment si impatiemment attendu est proche, et les quarante semaines de la grossesse, qui ont paru si longues à la jeune femme, tirent à leur fin. Elle a, à ce moment de l'*accouchement*, quelques importants préparatifs à faire, tels que l'arrangement et le choix de la chambre, l'achat et la préparation de tous les objets dont le médecin, qui doit être autant que possible connu par la jeune femme, peut avoir besoin, pour prévenir les complications qui se peuvent présenter, et, en cas de danger, y parer par des secours adroits et promptement appliqués.

L'importante période des *couches*, pendant laquelle la jeune femme doit avoir, pour éviter toute complication fâcheuse, le plus grand soin de la tranquillité de son âme et de son corps sans jamais tolérer surtout aucun bruit inutile dans sa chambre, contrairement aux stupides usages généralement reçus.

L'alimentation du nouveau-né, dont le premier essai ne doit au grand jamais être fait aussitôt la délivrance, et qui peut admirablement se concilier avec les obligations auxquelles se trouve assujettie toute femme ayant un ménage à conduire et à surveiller;

Le choix d'une nourrice, si la mère est rigoureusement empêchée, par des obstacles sérieux, de nourrir elle-même son enfant, ce qui doit être pourtant sa règle principale de conduite;

L'allaitement artificiel qui, pourvu qu'on ait la patience et la ponctualité nécessaires pour vaincre toutes les difficultés qui se présentent, peut, tout en réussissant moins bien que l'allaitement naturel, donner de bons résultats, surtout à la campagne;

Les soins à donner à l'enfant *depuis la naissance jusqu'à l'éruption des dents, puis après l'éruption de ces dents*, ainsi que le *sevrage*, la *vaccine* qui ne sauraient être accomplis sans un certain discernement;

Autant d'importantes questions que les mères inexpérimentées ou hésitantes doivent résoudre pour assurer la santé et le bonheur de leurs enfants.

Elles leur permettront de couper court à ces erreurs et à ces préjugés, si répandus et si funestes, qui nuisent tout autant au développement de l'enfant qu'ils sont quelquefois douloureux pour le cœur de leurs mères.

Les soins à donner aux enfants malades sont du ressort du médecin, cela est incontestable, mais la mère peut et doit aider et seconder le praticien dans son œuvre, non seulement en faisant prendre aux enfants les remèdes indispensables, en remplissant consciencieusement, quelque pénibles qu'elles soient, les prescriptions données par l'homme de l'art, mais surtout en restant courageuse, active et patiente dans les rudes épreuves qui durent souvent fort longtemps, et en faisant valoir l'autorité morale qu'elle aura acquise sur l'enfant par toute sa conduite antérieure.

Quant au *développement intellectuel de l'enfant* qui exige, lui aussi, de la part de la mère, une attention soutenue et un rôle actif, le Dr d'Ammon lui réserve une large place et démontre que l'enfant est *toujours* ce que l'a fait celle qui l'a mis au monde, élevé, surveillé, instruit.

Nous avons passé sommairement en revue, ce nous semble, les douze chapitres qui constituent le *Livre d'Or de la Jeune Femme*. Sa place nous semble incontestablement marquée, de plein droit, au chevet de la jeune mère, qui, dans les moments difficiles où elle le consultera utilement, saura gré au Dr d'Ammon d'avoir si aimablement résumé à son intention, l'expérience acquise par lui dans le cours de sa carrière !

IMPRIMERIE CHAIX, RUE BERGÈRE, 20, PARIS. — 23795-11-93. — (Encre Lorilleux).

www.ingramcontent.com/pod-product-compliance
Ingram Content Group UK Ltd.
Pitfield, Milton Keynes, MK11 3LW, UK
UKHW020200200726
13856UKWH00003B/1109